The Art of Creative Thinking

How to Be Innovative and Develop Great Ideas

创新者

写给创业者的21条实用指南

[英] 约翰·阿代尔（John Adair） 著
吴爱明　陈晓明　译

中国人民大学出版社
· 北京 ·

PREFACE
序　言

我们一如尘土，

不灭的灵魂像音乐中的和弦继续延伸；

冥冥中有一股不可思议的巧思，

协调着一切不和谐之音，

将它们融合为一。

——威廉·华兹华斯

创造性思维在如今的重要性毋庸赘言。在你的职业或工作领域，如果你能够有新点子，你就会处于有利的竞争地位。在你的个人生活中，情况也是如此。创造性思维能够带你走上创新性活动之路。它能丰富你的生活，虽然可能并不总是按你期待的样子。

有关创造力和创造性思维的著作不胜枚举。那么这本书有什么特点呢？我提出的新观念是“潜意识”（见第 13 章）。当然，这一观念背后的现实，即无意识心理的创新性活动，并不是新观点。但是，我以一种全新的方式展现了这一现实。同时，我也将它放在了一个简单的思维活动框架中，即当进行思考以达到某种目的时大脑的**分析**、**综合**和**评价**功能。这件事居然以前还没有人做过。

本书不仅仅是一本关于创造性思维的书。它的目的是以实际可行的方式帮助你成为一个更具有创造性的思考者。本书是一本实用型的书，所以，它并未深层次地去介绍创造力哲学或心理学，除非某些原则对实际的创造性思考者具有有价值的看法或建议。

在本书中，我也没有探讨创造性思维方面那些可能被称为组织层面的问题。组织机构如何培养或者遏制创造性思维？为什么有些组织机构在引进和实施变革上要比其他组织机构做得好呢？本书的姊妹篇《激情团队：创新成就伟大企业》专门阐述这些问题。因为新的点子如何转换成产品或者服务、然后进入市场是另一个主题，我在本书中的关注焦点是作为创造性思考者的个人，无论该个人是否被雇用。

本书中的每一章都有一个简单的核心观点，这些观点都十分实际而且得到了充分的证明。在这一核心观点的基础上，我简单地对它进行了展开和解释。然后我用一些简单的要点进行了总结。这些也不仅仅是总结，有时里面也包含了一些新的观点。

因此，本书实际上没有逻辑顺序。创造性思维不能被简化成一套有顺序的步骤。将这些章节想象成一个轮子的辐条或者一条项链上的一片片琥珀吧。这样，你就不必一定要从开头开始阅读，而是可以寻找一章自己感兴趣的内容，从它开始并向其他章节扩展你的阅读。我希望你会认为这本书不仅仅有教育意义，而且很刺激、很有趣。但愿它能够帮助你成为一个有创造性的思考者。

本书将帮助你：

- 改善对创造过程的理解；
- 克服产生新点子的障碍或者阻碍；
- 拓宽你的视野；
- 学会加工点子而不是评判点子；
- 提高你对不确定性和疑虑的容忍度；
- 以一种创造性的态度去听、看和读；
- 找到时间去思考；
- 作为一个有创造力的人而变得更加自信。

CONTENTS

目 录

1 人的创造力/1

2 使用类似事物作为阶梯/9

3 让陌生的事物变熟悉、熟悉的事物变陌生/17

4 拓宽你的关联范围/25

5 把握奇缘/33

6 机会只爱有准备的人/41

7 好奇心/49

8 睁大双眼/57

9 为获取想法而听/65

10 为产生想法而读/73

11 准备一个笔记本/81

12 验证你的设想/89

13 更好地运用你的潜意识/99

14 不要等待灵感/113

15 提高你的分析技能/121

16 延迟评价/129

17 学会容忍不确定的事物/137

18 观望　等待　顺从/145

19 枕着问题入眠/153

20 解决问题/161

21 创造性思考你的生活/169

附录 A 问题清单：你分析过问题吗？/175

附录 B 问题清单：你在使用你的潜意识吗？/177

附录 C 文内一些内容的答案/179

The Art of Creative Thinking

创新者

1 人的创造力

创新者

The Art of Creative Thinking

创造往往就是做新的事情。

——马丁·路德

暂且想象一下，在南美洲的丛林深处发现了一只不明动物，而且它将取代猫和狗而成为本世纪最受欢迎的家庭宠物。它长什么样子？它吸引人的特点是什么？拿出一张纸，将它画下来，同时对你画的图做一些标注。

你的新动物可能像鼹鼠一样长着柔滑的短毛，可能有着考拉的脸、袋熊般肥胖而可爱的身体。它可能是蓝色的，并且对环境无害，因为它不会弄脏马路或者公园。这听起来有些像猫。它比狗更善于驱赶不速之客，而对小孩子又像小白兔一样温顺。

你有意识或者无意识想做的，就是借用一些你知道的动物的特征。这样做没什么不对，因为我们人类不可能凭空创造任何东西。有一次，一位贵宾在参观完亨利·福特的汽车公司后，心中充满了惊奇和崇敬之情，在遇见福特时，他对这个实业家说：

"福特先生，25 年前几乎是一无所有的人不可能实现这一切。"福特回答说："你这个说法可不太正确，每个人起家的时候，不可能一无所有。一切都已存在——所有一切的本质和实质都已存在。"具有潜在价值的东西，也就是可以造成或者构成其他事物的元素、成分或者实质，都已存在于我们的宇宙之中，关键在于我们如何运用。

你可能已经注意到了，我们总是试图将"创造性"一词用于一些与原材料大不相同的产品上。鲁宾斯[①]曾经有一幅代表作，该作品就是蓝色、红色、黄色和绿色颜料在画板上的螺旋纹组合。对画家来说，物质材料是颜料和画布；对作家来说，物质材料则是纸和笔。这种物质材料完全是次要的。创造更多的是在头脑中。感知、想法和感觉都结合在一种观念或者想象中。当然，画家、作家或者创作者还需要使用技巧和技术把头脑中构想出来的内容表达在画布或纸上。

和一般的创造性一样，创造性思维也有着同样的原则。我们的创造性想象必须有赖以存在的基础。我们不能凭空产生新的想法。和前文中亨利·福特所说的一样，原材料都已存在。创造性强的头脑在原材料之中看到可能性，而创造性弱的头脑却看不到。

这一结论让我们不用说起"创造"就如临大敌。你不用凭空去构想新的想法。**作为一个创造性的思考者，你的任务是将已有**

① Peter Paul Rubens（1577—1640），荷兰画家。——译者注

作为一个创造性的思考者，
你的任务是将已有的想法或者元素组合起来。

的想法或者元素组合起来。如果你将某些被认为是不可能被联系起来的想法或者事物进行了有价值的组合，那么你就会被认为是一个有创造性的思考者。你给这一组合增加了一定的价值，因为一个整体是大于其各部分之和的。

要 点

- 创造是从已有的事物开始的。
- 有天赋的艺术家或者思考者将手头的材料转变成一种具有持久价值的新创造。这就是我们认为的创造力。
- “从最多来源进行改编的人最具有原创性”。正如这句话所说，如果对于在别人眼里看来不太相干的想法，你却开始发现联系或者制造联系，那么你就是有创造力的。而且，这些想法表面看起来与原想法差距越大，你的这一思维的创造性就越大。
- 创造力是使我们（表面上凭空）创造出有用途、有秩序、有美感或者有重要性的东西的头脑和心灵上的能力。

不管你多大年纪，只要你能保持创造的欲望，你就依然年轻。

——阿侬

2 使用类似事物作为阶梯

创新者

The Art of Creative Thinking

我没有发明任何东西，我只是重新发现。

——罗丹

假设自己是一个发明家。对解决现有问题或者满足日常需求的方法你已经不满意了，于是你在头脑中搜索新的想法。突然你有了一个想法，这可能是通过阅读专利办公室的文件了解了其他人的一些想法之后获得的。于是你回到家中，记录下你的发明，然后进行模拟。

当然还有其他后续步骤，但是我们先停到这里。重要的是，你得到的模拟结果很可能就是通过根据大自然进行类推所获得的。的确，我们可以将大自然看作是一个随时供发明者使用的模型仓库。下面是一个小测验，你现在可以试着作答。

测 验

请列举受以下自然现象启发而由创新性思考者正在发明（或

可能已经发明）的具体事物：

1. 人的胳膊

2. 猫

3. 海鸥

4. 冰冻三文鱼

5. 蜘蛛

6. 蚯蚓

7. 花

8. 苍蝇的眼睛

9. 锥形贝壳

10. 动物的骨骼结构

你还能再列出一些吗？拿出一张纸，看看你是否还能想出5种发明者使用类推方法而实现的发明。

如果想不出来了，这里还有一些自然现象，它们也应该曾经启发过创新性思考者进行发明创造。你能想出这些发明是什么吗？

11. 叶子上的露珠

12. 人的头骨

13. 竹子

14. 人的脚

15. 人的肺

16. 喉

答案见本书后附录C。

记住，动物模型的启发往往说明了一个原理，那就是大自然进化或者发展可以解决一个既定的情形中的具体问题或需要。这一原理可以像从蛇身上提取毒液一样被提取出来用于解决人类的问题。例如，雷达是通过研究蝙蝠的回声定位而发明的，而蛤蜊壳张开的方式则给货机门的设计提供了启发，豌豆荚的嵌入系统弱点启发了一种开启香烟盒的方式，这一方式现已广泛用于包装业。

解决问题的方法可能已经存在，并不需要我们凭空去创造。这一基本原理适用于所有的创造性思维，而不仅仅是在发明新产品上。例如，在人类的组织机构中，涉及的大部分原理都可以在大自然中找到：等级制度（竹子）、劳动分工（蚂蚁、蜜蜂）、网络（蜘蛛网）等等。如果你想要创建一个新的组织，无论是在过去还是在现在，你都会在人类社会中发现大量已有的模型。但是要记住，这些只是相似的事物。如果你直接照搬的话就会有麻烦。这一点我会在后面做更加详细的说明。

能够启发创造性思维的比喻或类比事物也不仅限于大自然。本田宗一郎曾经是一名非常善于进行创造性思考和创新的工程师。在他制造他的第一辆四缸摩托车时，他逐渐发现，尽管车的发动机不错，但是他的设计师设计的机器外形却低矮丑陋。于是他决定到京都休一个星期的假。有一天，当他坐在一座古庙里时，他被一尊佛像的脸迷住了。他觉得佛像的脸和他想象中的摩托车前部的样子很相似。于是他将这一周剩下的时间全部用来研究京都的其他佛像，然后他回去和设计师一起设计了一种更美观的样式，该样式恰好表现出了他曾看到的那种美。

要　点

- **通过类似的事物或者类比的方法来思考，这一点在想象思维中发挥着重要作用，在创造性思维中更是如此。**
- 大自然为解决问题提供了模型和原理。
- 在现有的产品和组织机构中有其他模型或原理。为什么在已经发现轮子原理的情况下还要重复这一原理呢？因为一些简单的研究可能让你省去自己想出办法的麻烦。
- 本田的故事说明的原理我们将在第 4 章中更加详细地来探讨。他的类比事物十分广泛，毕竟，谁会发现佛像的笑脸和摩托车的前部有相似性呢？

一切以前都曾想到过，但问题是将它们再想一遍。

——歌德

7 让陌生的事物变熟悉、熟悉的事物变陌生

创新者

The Art of Creative Thinking

发现就是看见别人看见的而想到别人想不到的。

——阿侬

3 让陌生的事物变熟悉、熟悉的事物变陌生

当新几内亚的原始居民第一次看见飞机时，他们称它为“大鸟”。鸟对他们来说很熟悉。他们理解奇怪的或者不熟悉的事物时，第一步就是将其当作他们熟知事物的例外情况。我们是通过有意识或者无意识地将奇怪的或者不熟悉的事物与熟悉的事物相比较从而认识它们的。

根据进一步的了解，这些居民发现飞机在某些方面很像鸟，但在另外一些方面又不像。换句话说，根据“大鸟”这一假想，然后注意到这一假想有矛盾的地方，这就是发现并开始理解新现象的常用方法。因此，你应该使用类似的事物来发现并理解看似陌生的事物。

不久前我组织召开了一个关于大学院系领导者的领导力的研讨会。当时对许多参会者来说，领导和管理以及两者之间的区别

还是很新的概念。其中有一位化学教授是这样用自己熟悉的事物来理解不熟悉的事物的：

> 在化学中，两种可以互相作用的化合物之间的反应可以用下面的符号来表示：
>
> $A+B\leftrightarrows AB$
>
> 如果没有催化剂，许多反应都进行得很慢。在我看来，加速反应过程就是领导在完成一件工作上发挥的作用。
>
> 这种类比可以做不同的引申。但是在这里，如果你考虑一下这个粗略的等式：问题⇆解决方法，那么管理在许多情况下就会找到解决方法，而领导则通常会加速这一过程。这很神奇。

创造性思维往往需要在一无所知的情况下往前跃进一步。你在寻找的是新的东西。根据字面意义，如果一件事物真的是新的，那么你或者其他任何人对它都不会有什么概念。通常你都不能一步到位。如果你能够找到那个未知事物的类似物，那你就已经成功了一半。

相反的过程——让熟悉的事物变得陌生——对于创造性思考者来说也同样有用。熟悉会滋生顺从。因为我们对一些事物、想法或者人太熟悉，所以我们就不再对它们进行思考。正如塞涅卡[①]所说："熟悉会降低事物的伟大程度。"将事物看作陌生的、

① Lucius Annaeus Seneca（约公元前4—前65），古罗马哲学家、戏剧家。——译者注

奇怪的、有问题的、不让人满意的或者仅仅是一知半解的，这样就会重新启动你大脑的引擎。记住这句俗话，上帝通过将事物放在我们身边而将它们藏起来。

要练习发挥自己在创造性思考上的潜能，最好的方法莫过于应用将熟悉的事物变陌生这一原理了。以一个你经常见到或者经历的事物，或者可能每天都发生的、像日出和下雨一样平常的事情为例。坐下来，拿起纸和笔，花上半个小时，想一想这件事物，集中注意力想一想有关这件事物你所不知道的事情。

你的一个家庭成员或者一个朋友会是这种练习的好对象。当我们说我们了解某个人的时候，我们的意思通常是我们对这个人的喜好和性格有大概的了解。我们认为我们能够大致预见这个人对事情的反应。我们认为我们知道我们的亲戚或朋友什么时候行为反常。但是，拿你自己做个类比。别人了解你的一切吗？老实说，你能够说你完全了解你自己吗？

“我们并不了解人们，不了解他们所关心的、所爱的、所恨的及所想的。”小说家爱丽丝·默多克在一次电视采访中曾说，“对我来说，每天我所见到的身边的人远比我小说中的人物更了不起。”这就意味着，在熟悉的表象下，还有一个精彩的未知世界等待着我们去发掘。

要　点

■ 了解不熟悉、国外的、不自然、无法解释的人或事（未曾获知、听说或看到的人或事）的过程，最好从将其与我们已经知道的类似事物联系起来开始，这是第一步，但不是最后一步。

- 相反的过程——让熟悉的事物变得陌生——对于创造性思考者来说也同样有用。我们对自己熟悉的事物不会加以思考。在这一点上，艺术家们会帮助我们在旧事物中发现新事物。
- “没有人真的了解别人，”约翰·斯坦贝克曾经说道，“他所能用的最好的方法就是假设他们和自己一样。”
- 有人常说：“昨天晚上我想了上千种计划，但今天早上我还是在走老路。”固定的思维习惯和对熟悉事物的过分依赖会扼杀掉夜间的梦想和想法。
- 今天早上，你沏了一杯茶或者咖啡，吃了早点，和昨天一样，但是，真的一样吗？你今天刷牙绝对不可能和昨天刷牙一样。每一分钟都是不一样的。

3 让陌生的事物变熟悉、熟悉的事物变陌生

创造性行为的本质就是将熟悉的事物看作是陌生的。

——阿侬

4 拓宽你的关联范围

创新者

The Art of Creative Thinking

察物之萌芽谓之智。

——佚名

杰思罗·塔尔是18世纪早期英国的一名农学家，当他在自己的家乡贝克郡种地的时候，他发明了播种机，实现了机械播种并且使得两排种子之间的空地在种子生长期还能够再开发。塔尔曾是一个风琴手，而正是风琴的原理给了他启发。他所做的实际上就是将达到一个实际目的的技术途径从一个领域用到了另一个领域。

这个故事的基本要素如下：塔尔曾经面临一个问题，而他对该问题的现有解决方法不甚满意。突然，这个问题和他另一项技术的知识之间迸发出了一点火花。他找到了一个模型或者类似物，接下来便是应用原理并发明解决手头问题的技术。两个领域之间的联系越不明显，就越可能被称为创造性思维。

因此，发明家和其他创造性思考者懂得多个领域的知识，这一点也就不足为奇了。他们工作的领域可能与他们成为发现者或者发明家的领域大不相同。比较下文中列出的各项发明和它们的发明者所从事的工作。

发明	发明者主要从事的工作
圆珠笔	雕刻家
安全剃刀	旅行者
柯达胶卷	音乐家
自动电话	丧事承办人
停车计时器	新闻记者
气胎	兽医
容量更大的唱片	电视学工程师

在一个领域缺乏精深或者专业的知识并不会阻碍一个人做出创新性的贡献。过多的同一领域知识反而可能成为一种不利条件。正如迪斯雷里[①]所说，我们必须“学以不学”。参与研发协和超音速客机和可变后掠翼飞机的英国航空工程师巴恩斯·沃里斯爵士16岁时在伦敦参加大学入学考试未能通过。在一次电视访谈中，他说：“除了怎么样去思考、怎么样去设法解决问题并且坚持不懈地解决问题之外，我一无所知。”

当你在设法解决问题的时候，请记住拓宽你的关联范围。看一看自己从事的领域之外的其他领域中现有的技术，甚至可能是

① 这里指的是本杰明·迪斯雷里（Benjamin Disraeli，1804—1881），英国保守党领袖、英国首相（1868，1874—1880）。——译者注

那些在别人看来毫不相干的领域中的技术。它们可能会给你一些提示。

埃德加·艾伦·波曾经写道："经验已经证明，而且真理哲学也将会证明，大部分、可能更大一部分的真理都来自看起来毫不相干的事物。"

这是旅行的极好理由。因为百闻不如一见。去走一走看一看，你可能会发现一些已经成熟、可以转移到其他领域的技术。人们曾说，单个的日本人并不是十分具有创造性的思考者，但是多个日本人组成团队后，他们则非常富有创造性。日本经济奇迹的秘密就是，他们曾周游世界去寻找他们可以带回日本使用并且无限制改造和发展的最新技术。例如，"质量环"是让工人们对他们的产品或者服务进行创造性思考的一套系统。该系统是第二次世界大战后在美国发展起来的，而日本人转借了这套系统并成功地对其进行开发，从而将其应用到了自己的工业中。

要　点

- 将技术从一个领域通过一定程度的改变或者改造转移到另一个领域，这是做出创造性贡献的一种途径。
- 你可能熟悉你的同行们所不了解的知识或者技术，这可能是因为你曾在不同领域工作过，或者是因为你曾到不同国家旅行过。

- 关联范围狭窄的人只在自己的行业领域范围和界限内思考。超越界限，拓宽关联范围！因为你的行业领域和其他任何领域都有联系，关键是你要能够发现这些联系。
- 关键问题是你“将看似不相关的事物联系起来的能力”，或者至少是将那些迄今为止还没有被以一种新颖有趣的关联性联系起来的事物联系起来。

创造性人才的作用就是察觉看似完全不同的想法、事物或者表达形式之间的联系，并将它们结合起来形成新的形式，即将看似不相关的事物联系起来。

——威廉·普罗马

5 把握奇缘

创新者

The Art of Creative Thinking

发现的真正魔力不在于找寻新的风景，而在于拥有新的眼睛。

——马塞尔·普鲁斯特

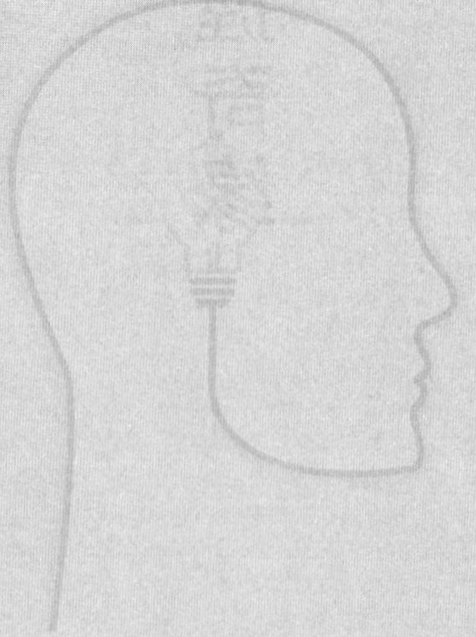

奇缘是一个让人快乐的词语。霍勒斯·沃尔波尔[①]首创了这个词，意思是发现意外的幸运的本领。1754 年 1 月 28 日，他在给一个朋友的信中说，他是根据一个名为《斯里兰卡的三个王子》的童话故事创造的这个词，因为这三个王子“通过意外机缘或者通过他们的机智，总是能发现他们并未努力寻求的事物”。

如果奇缘意味着机会，即发现我们并未寻找的有价值的事物，那么发现者至少应该能够看到自己的创造性发现的可能性。爱迪生正是在考虑别的事情的时候，突然想到了蜡纸油印机的点子。当时他就非常好地认识到自己的发明很重要，并且他很快就找到了这一发明的用途。

奇缘是与狭隘的思考相对立的，也就是不能仅仅将注意力集

① 霍勒斯·沃尔波尔（Horace Walpole，1717—1797），英国小说家。——译者注

中在一个目标上。相反，它需要你拥有宽泛的注意力，而且要宽泛到你能够注意到一些目前看似不相关或者无用但实际上对你很重要的事物。

上面说到的那个童话故事中的三个王子都是旅行者。未知世界的探索者往往能够有出乎意料的发现。在校学生们都知道，克里斯托弗·哥伦布是在寻找去往亚洲的海上新航线的过程中发现新大陆的。当时他以为自己到达了印度，这正是他将当地人称为印第安人的原因。在你旅行的时候，你应该带着一颗巧遇的心去旅行，期待意外的收获。这样，虽然你可能发现不了新大陆，但是你会获得一些快乐而意外的“发现”。

“思考总会给你回报，尽管并不总是按你期待的方式。”这句充满智慧的话是加拿大著名企业家和商人、弗利特爵士罗伊·汤姆森说的。

思考的时候，你是在做精神上的旅行，你也是在旅途之中。因为真正的思考就是朝着某个方向前进的过程。留心一些意外的想法，不论它们在你的脑海中掀起的波澜是大是小。有时候突然开启的一个意外的途径或者小路可能会比你为自己设定的路线带给你更大的收获。

克里斯托弗·米尔恩为小熊维尼的铜像揭幕，这个玩具熊曾让他欢喜也让他忧愁。小熊维尼英文名中的“Pooh”一词是米尔恩和他的父亲按一只死去的天鹅的名字取的，而其中的“Winnie”是按一只孩子们十分喜爱并且曾是加拿大军团吉祥物的黑熊的名字取的，这只黑熊1914年离开伦敦摄政公园去了前线。这个铜像是A. A. 米尔恩的图书管理员托人打造的。

在揭幕仪式上，克里斯托弗·米尔恩说："做事情有两种方式。你可以完全决定你要做什么，并将它们列在纸上，然后照做。这是兔子的做法。做完后，每个人都会说：'做得好，兔子！真是个聪明的兔子！'或者你可以对你想做的事情有一个大概的想法，希望朝某个方向出发，而最后可能有非常不同的收获。然后你发现这并不是一件坏事。这就是小熊维尼做事的方法，而且也正是我们创造出这个形象的方法。"

事后的认识往往让我们更容易理解奇缘在我们生活中的影响。回想一下，在你的人生中，你能够想出三次在没有预料到的情况下获得重要发现，或者遇到重要的人的经历吗？

要　点

- 奇缘的意思是在你并未寻找的时候碰巧发现到有价值并且合意的想法、事物或者人。
- 如果你的注意力范围更宽并且兴趣更广，那么你就更可能会有奇缘。
- 像控制狂一样对生活过分组织和计划是不利于创新的。因为杂乱无章往往会产生新点子。正如A. A. 米尔恩所说："无秩序的一大好处就是能够让人不断地有惊喜的发现。"

- 培养创造性思维的能力会给你很多回报，但是这些回报可能并不是你现在期待的。
- 创造性思考者需要像一个足智多谋的探险家一样具有冒险精神和开明的头脑。
- 在生活中，在你找到一个新事物之前，我们往往不知道自己在寻找什么。

那些无人掌舵的船可能会带来好运。

——威廉·莎士比亚

6 机会只爱有准备的人

在观察方面，机会从来只爱有准备的人。

——路易斯·巴斯德①

① 路易斯·巴斯德（Louis Pasteur，1822—1895），法国微生物学家、化学家。——译者注

在阿拉斯泰尔·皮尔金顿领导的研究小组发明浮法玻璃生产工艺之前，生产玻璃曾是一个劳动密集且耗时的工作，主要原因是玻璃需要打磨表面来使其达到完全光滑。

皮尔金顿的专利工艺是，将在熔窑中浇铸之后熔化的玻璃倒在网球场大小的已经熔化的锡层上，让玻璃浮在锡层表面，从而省去了上面所说的最后一道工序。这个通过熔化的锡槽来漂洗玻璃的点子是阿拉斯泰尔在厨房水槽中洗碗的时候想到的。浮法工艺使得无变形玻璃统一拥有了明亮、像被火打磨过的平整表面。这一工艺节约的成本是相当可观的。与使用老方法相比，浮法工艺生产线只需要原来一半数量的工人就能生产出原来 3 倍数量的玻璃。据估计，自从使用浮法工艺以后，皮尔金顿创造的专利费收入高达 20 亿元。

想一想有多少发明和阿拉斯泰尔·皮尔金顿在洗碗池旁的发明一样，是一种意外或者偶然，这真的很有趣。这里，最经典的例子当然是亚历山大·弗莱明发明盘尼西林的故事。另外一个例子就是发现糖的故事。一名化学家做完实验后没有洗手便在实验室吃午餐，于是他无意中发现了糖。艾拉·W. 拉法尔发现，送纸器没能将纸送入平版印刷机时，纸张表面的文字完全印在了印刷机滚筒上。这一现象引导他发明了最早的打印机。威廉·汤姆森因无意中注意到了自己眼镜片上的反光而产生了发明镜式电流器的点子。

无独有偶，1839 年，也是因为一个类似的意外发现，查尔斯·古德伊尔发现了橡胶的硫化过程。在这之前，为了找到一种使天然橡胶或合成橡胶坚硬牢固的化学处理方法，他曾经做了许多年的实验，但都一无所获。有一天，在将橡胶和硫黄混合在一起的时候，他不小心将一些混合物溅到了燃着的火炉上。炉子的高温立刻就将橡胶硫化了。就这样，古德伊尔很快就发现了解决困扰他多年的问题的方法。

然而，正如古德伊尔所说，在他的发现中，运气绝不是唯一的因素。他这样说：

> 多年来，我一直想找到达到这个目标的方法，而且我*不*会让与此相关的*任何事物逃脱我的注意力*。就像在牛顿眼前落下的苹果一样，对于准备*从相关的事物中发现有助于达到其研究目的*的人来说，这一现象意味着一个重要的事实。虽

然我承认我的这些发现不是科学的化学实验的结果，但是我也不愿意承认它们是人们所谓巧合的结果。我称它们是*最近距离的应用与观察的结果*。

我对古德伊尔话中的一些文字用了斜体，因为它们强调了拥有宽广的注意力和敏锐的观察力的重要性。古德伊尔的意思也很好地被巴斯德概括在了他的名言中："在观察方面，机会从来只爱有准备的人"。

成为有准备的人是什么意思呢？在你寻找问题的答案或者解决方法的时候，你必须要有目的。你要对可能与你的目的相关的任何事物都特别敏感。你要有认出并解释你所见到或者听到的提示的经验。这就必须要在期待意料中事物的同时有能力对意外发现保持警惕和敏感。你要愿意将大量时间投资在没有收获的工作上，因为有重要提示的机会并不常有。在这漫长的时间里，应该尝试新的做事程序。要最大限度地让自己拥有获得意外好运的可能性。

要　点

- 在无人为意图和目标的情况下发生的、无法预料的事，可以被纳入创造性思考的过程之中。
- 这种意外往往会发生在值得拥有它们的人身上。不要守株待兔，但是要学会期待它们的出现。

- 要在意外中看到并识别提示，是需要敏感性和观察能力的。
- 要解释提示并认识到它可能的重要性，需要没有偏见的知识、充满想象力的思考、对观察到的莫名事物加以思考的习惯和一定的原创能力。
- 于是，我们又一次清楚地看到，拥有开明的头脑和一定程度的好奇心十分重要。你必须不断地问自己周围在发生什么，而且必须准备好得到惊奇的答案。

除了一颗强烈的好奇心，我没有什么特别的天赋。

——爱因斯坦

The Art of Creative Thinking

创新者

7 好奇心

好奇心是一个精力充沛的知识分子永久且必然的特点之一。

——塞缪尔·约翰逊

如果我们假设自己是拿破仑，在滑铁卢战败后，即便不绝望，我们也很可能会陷入深深的反省和抑郁之中。然而拿破仑却没有这样。战败后，他带着流亡美洲的打算退位了。但是，在罗什福尔，他发现港口被封锁了，于是他决定向英国皇家海军投降。他被押送上了 HMS Bellerophon 号战舰。对他来说，这是他第一次见到英国皇家海军军舰的内部，这艘船是几年前法国在特拉法加战败时用过的。船上一个英国的目击证人注意到，“他（指拿破仑）非常好奇，只要一看到船里任何值得注意的地方，他都会马上询问它的用途，并且会仔细询问细节。”

爱因斯坦曾经说过：“重要的是不要停止问问题。好奇心的存在自有其道理。当人们思考永恒、生命和现实的神奇结构的时候，人们只能表示敬畏。每天去理解一点点这些神秘的东西就已经足够了。永远不要失去神圣的好奇心。”

重要的是不要停止问问题。

这种好奇心是或者应该是知识分子的爱好。创造性思考者都拥有这种好奇心，因为他们需要从许多不同的来源获取信息。例如，小说家威廉·特雷弗认为自己是一个人性的观察者，他说，“你应该喜欢人类，而且要非常好奇”，否则，他认为是不可能写出好小说的。

当然，这里的好奇心必须和俗话说的“杀死猫”的那种好奇心区分开来。后者的意思是用一种令人不快或者冒犯他人的方式去打探别人的想法，或者去掺和他人的私事。真正的好奇心仅仅是获知或了解的一种愿望。这种正当的、理智的好奇心会成为一种习惯。莱昂纳多·达·芬奇的格言就是：“我质疑。”

克莱夫·辛克莱爵士曾说：“做一个发明者是一种中庸的生活，你需要以不同的方式去了解许多不同的事物，所以你必须告诉自己你想知道什么。我认为，如果你想成为一个发明者，大学不会有很多帮助，而我曾经希望从大学得到帮助。”

教育的一个最首要的目的（可能有人有不同的意见）就是培养一种好奇心。阿纳托尔·法朗士[①]曾经写道：“教育的艺术就是唤醒年轻人的自然的好奇心，以便日后不断满足好奇心。”

“好奇一点，再好奇一点。”梦游仙境的爱丽丝曾这样叫喊。激起我们好奇心的往往是一些古怪的、罕见的或者奇特的事情。但是仅仅因为奇特或者古怪而引起我们注意的事物往往不值得进行进一步研究。所以，我们在好奇心上应该有选择性。

---

① 阿纳托尔·法朗士（Anatole France，1844—1924），法国小说家。——译者注

有这样一个年轻的官员，据说“他到哪儿，他的手下都会出于一种好奇心而跟随他”。在创造性思考中，对于接下来会发生什么的好奇心是动机的一个重要组成部分。肯·罗华特这样说：

> 创造性的活动，尽管有时候让人痛苦，但本质上是美化生活的，通常也是让人快乐的，这一点不能从电动工具的广告模特们模式化的笑容中看出来，而只能从个人在其从事的工作中的投入程度判断出来。在室外做爱的男女绝对不会比完全沉浸在探险或者创造之中更快乐，尤其是当探险的动机仅仅是“我想知道我这么做会怎么样”的时候。

换句话说，要收集信息，即收集创造性想法的原材料，不仅仅要好奇。创造性思考本身就是一种学习新知识的途径。你不能肯定是否你会跟着你的想法走，所以思考和学习或者自学之间是相互联系的。

哲学家吉尔伯特·赖尔在《论思考》（1979）中曾说：“思考就是填补教育留下的空隙。”这当然不是你想知道什么就教你什么的问题，你不知道的，你也就不能教别人。赖尔还说：“我试图自己想出来的是天使加百利①可能知道并可能教给我的，但却是没有人真正教我的一些东西。这就是我必须思考的原因。我游泳是因为我不是别人渡船上的乘客。同样，我为自己而思考，没

① 天使加百利（Angel Gabriel），《圣经》中的七大天使之一，上帝传送好消息给人类的使者。——译者注

有人会为我思考。”

要　点

- “孩子们的好奇心只不过是对知识的一种渴求。”哲学家约翰·洛克这样说过。在我们的一生中，我们都应该保持这种去观察、学习或了解的欲望。好奇心是充满期待的心。
- 创造性思考者有一种好奇的习惯，这种习惯使他们探索性地关注他们感兴趣的事物。
- 思考是自己获取知识的一种方式。如果你总是盲目地接受别人教给你的东西，那就没有什么值得好奇的了。
- 培养好奇心的一种方法就是开始问更多的问题，不论是在与人谈话之时还是在独自思考之时。认真地质疑，这样会帮助你区分已知的和未知的事物。

多问问题，多冒险。只有通过好奇，我们才能发现机会，而只有通过冒险，我们才能利用机会。

——克拉伦斯·伯宰[①]

① 克拉伦斯·伯宰（Clarence Birdseye），美国工业家，速冻食品的发明者。——译者注

8 睁大双眼

创新者

The Art of Creative Thinking

这是一个伟大的观察者，他善于观察人们的行为。

——威廉·莎士比亚

如果一个人敏锐且细心地观察，他就会看见幸运；因为幸运女神虽然双目失明，但她并不是隐形的。

——弗朗西斯·培根

73岁的肖像画家格雷厄姆·萨瑟兰有一次在接受采访时曾说："我对人和事物进化的这种生长原理非常感兴趣。"他试图去弄清楚他所绘的人物所处的环境以及人物的本质。他还说："我必须和猫一样耐心和小心。"在人的脸上，在山峦的不规则轮廓或粗糙的岩石表面上，他能看到对生长和挣扎过程的同样表达。他还补充说："我有太多的想法想一吐为快。日子真是不够长。"

把绘画看成是表达内心想法的一种方式可能会显得有些奇怪。但是对画家来说，细心且带有分析性的观察只是他们工作的一部分。在灵感的作用下，想法和情感被灌注到画作之中。画家的所知和所感与他观察所得相结合，从而产生了画作。毕加索曾说："绘画是一种盲人的职业。他画的不是他看到的，而是他感受到的以及他告诉自己曾经看到的。”这一原则不仅仅适用于毕加索擅长的绘画领域，而且也适用于像格雷厄姆·萨瑟兰一样的现实主义画家的绘画领域。

创造性思考者的脑海中有许多活跃着的想法，思考者用眼睛观察到的事物与这些想法相结合而产生新的想法，这些新的想法与观察到的事物相比会发生不同程度的变化。正如威廉·布莱克所说：“傻瓜看见的树和智者看见的树是不一样的。”但是观察本身应该是清楚、准确和诚实的。就像一个好的厨师一样，一个创造性的思考者应该拿最好的材料来工作。劳伦斯·奥利维尔是一名演员，他以擅长创造性地塑造人物而著名。他曾说：“我就像一个捡垃圾的人，我仔细观察，将我18年来看到的事物储存到我的记忆中。”当他被邀请饰演莎士比亚作品《理查德三世》中的理查德三世时，他想到了杰德·哈里斯，20世纪30年代百老汇著名的制片人，奥利维尔在他手下工作的经历非常糟糕。哈里斯的鼻子很醒目，奥利维尔将这一点借用到了这一角色上，同时他也借用了哈里斯的性格中不让人喜欢的一些因素。他还将其他一些元素组合到了这一新角色之中，例如狼外婆，狼外婆是他很久以前在一部迪斯尼动画片《匹诺曹》中看到的。他记在脑海中的电影总能给他一些想法。在他饰演夏洛克时，他所跳的舞的灵感则来源于希特勒在1940年法国签署投降条约之后一时高兴所跳的吉格舞步，德国新闻播报中曾报道过这一事件。

观察是一种技巧。福尔摩斯在他的一个案子中曾这样评价他的助手华生医生："你会看，但是你不会观察。"从最低程度上说，观察意味着如何去看你眼前事物的能力。正如科学家们所知道的那样，这并不像听起来那么简单。这种观察几乎不可能完全客观。我们总是倾向于看见我们已经知道的东西。这也的确留下了一些创新的可能性。正如古斯塔夫·福楼拜所写的那样："每件事物都有未知的一面，因为当我们看事物的时候，我们不是用眼睛在看，而是用别人对它们的看法的一种记忆在看。"

我们的大脑被我们的喜好或其他方面训练得只会注意某些事物。例如，一位植物学家可能会注意植物。如果我们反复地看见某事物或者某人，我们就几乎观察不到他们，除非发生了某种与我们熟悉或预知的情况不同的变化、某种与通常情况的背离，从而迫使我们注意到他们。一名优秀的观察者会尽可能地保持客观性。由于受到有关该找寻什么的想法或者原理的引导，他在观察中不可避免地会有选择性。但是，如果想要有奇缘的话，你应该对自己未被告知或未告诉自己该去找寻的事物保持敏感性。

训练观察力最好的形式之一是绘画或者素描。拿出纸和笔，看着任何一件物品。现在选择出你看到的构成该物品基本轮廓的关键线条。这时的你便是在进行仔细且具有分析性的观察。

在教授绘画的重要性方面，约翰·拉斯金是一位伟大的先锋人物。正如他于19世纪50年代在工人学院对他的学生们说的那样："我只是在教你们如何去观察。"对拉斯金而言，观察是获知的根本方法，而且是很少有人拥有的能力。他在《现代画家》中这样写道：

> 在这个世界上，人类灵魂所做的最伟大的事情就是去观察事物，并且用简单的方法说出看到了什么。在成百上千会说话的人中，只有一个人会思考；在成千上万会思考的人中，只有一个人会观察。清楚地观察是诗歌、是预言、是信仰，是一切的总和。

如果你不能像接受过训练的画家一样再现物品，不用担心，因为你的目的是不一样的。你是在把绘画当作一种途径，以学会使用眼睛来真正看清周围的世界。这种绘画不管多糟糕，都不仅会提高你对世界的认识，而且会帮助你将它深深地印在你的脑海中。画家诺曼·瑟尔威尔在他的自传《我的重担》（1983）中曾经表达了这样的观点：

> 在用铅笔、钢笔或者画刷记录视觉形象的过程中，人们对世界的认识可能得到了提升。素描簿和画作，甚至是最简单的笔记，让我们回忆起的不是绘画时的日期和地点，而是绘画的具体时刻、当时听到的声音、闻到的气味。如果没有绘画的话，这些可能永远也找不回来了。我至今还保留着我孩提时所画的画。我只要看见它们，就会记起当时我的弟弟跟我说的话、我的母亲当时在做什么、我绘画的时候收音机里在播放着什么以及我当时对周围世界的感受。

在我们使用的信息中，70%都是通过眼睛观察到的。因此，

我们应该培养观察事物的能力，并且做详细的观察，因为观察到的事物是未来创造性思考所需要的材料。

要　点

- 对看到的事物给予仔细、真实且具有分析性的关注，这种能力是十分必要的。如果你不注意、不观察，那么你就不会思考。
- 观察意味着试图去观察一个人、物体或者景象，仿佛以前从未见过一样。真正能够教授我们的不是经验，而是观察。
- 只有在记录下你所看到的事物之后，观察行为才是完整的。记录能帮助我们将观察所得存入记忆。观察所得是产生灵感的资本。
- 有些时候旁观者很可能比当局者看得更清。少观看，多观察。
- 莱昂纳多·达·芬奇曾写道："我们所有的知识都来源于我们的感觉。"你能清楚准确地观察到事物吗？
- 充满兴趣的密切关注是感觉之母。艾萨克·牛顿曾对一位朋友说："如果我曾有过什么有价值的发现，那更多的要归功于我那耐心的关注，而不是其他能力。"

一名优秀的观察者也会创新。

——瑞士格言

9 为获取想法而听

请给我们恩赐，让我们善于聆听。

——约翰·基布尔

在莎士比亚笔下，最高法院首席法官对福斯塔夫说："你没有听见我对你说的话。""很好，法官大人，很好，"这位不负责任的老无赖回答说，"但是，请原谅，让我苦恼的正是不能听和无法集中注意力的疾病。"

聆听能力差是一种普遍现象，但创造性思考者不会这样。虽然我们对福斯塔夫的创作者不甚了解，但我们至少可以自信地猜到他是一位善听的人。

那么怎么才能成为可谓是凤毛麟角的善听之人呢？**首先，善听之人要有好奇心，要有所有获取知识的必要的欲望。这就要求一种谦逊的态度，谦逊是拥有开明的头脑的关键所在。**这是因为，如果你认为你什么都知道，或者至少你认为你比和你谈话的人懂得多，你就很难去聆听。所以，希特勒是极其不善聆听的人。

善听之人要有好奇心，
要有所有获取知识的
必要的欲望。

拥有开明的头脑并不能确保你会接受你所听到的想法、提议或者行为方针。但是这的的确确意味着你已经真正置身于新想法的市场之中。如果价钱合适，你便会购买。接下来就要求控制你的分析和批判的冲动，因为你首要的任务是要去完全掌握别人所说的话，尤其是当别人所说的对你来说是陌生的新想法的时候。你的脑海里对它有清晰的了解了吗？一个普通的听众只能听见他人说话的内容，而一个好的听众则会发现话中的真意。

显然，理解应该在分析和评价之前。只有在你弄清了别人所说的或者所建议的内容之后，你才能表示赞同或者接受。

一个善听之人是有创造性的，因为他能够听出别人话中的精华。所有专业的音乐家都会告诉我们，在表演中，观众发挥着重要作用。奥斯卡·王尔德在谈到最近失败的一场话剧时说："话剧本身很成功，但是观众是个彻底的失败。"

我曾经遇到的最有创造力的听众是弗利特爵士罗伊·汤姆森。在他的自传《远离花甲之后》中，他这样说到自己当听众的方法：

> 在我的办公室里，我总是让自己容易接近，我始终坚持这一点，我不允许，也不等待员工去审查来见我的陌生人，而是直接允许客人进入我的办公室。这一做法所带来的好处是让人惊讶的，我从中学到了让人惊喜的东西。
>
> 我总是很好奇，也总是充满希望。我现在仍然经常穿戴整齐之后走出办公室，去看一看访客的样子，同时弄清楚他

需要什么。同样，如果我的秘书很忙或者暂时不在办公室，我会亲自接听电话；我告诉过总机，如果员工中没有人能接听电话，就直接把电话转给我。我不想仅仅因为没人接听电话而错失任何信息或者机会。

不论我走到哪儿，我都会去交朋友，而且我深信，我通常是成功的。在这一点上我的看法是，每一个人都有不同的想法，而且通常十二个人中会有一个人的想法可能是很好的想法，所以交朋友不是无用功。人们不断地将事物和信息传递给我，这是因为我让他们觉得我对他们说的很感兴趣，我甚至可能会为之付钱！往往在最不经意的时候，金子般的想法和事物就会出现。

罗伊·汤姆森对每件事情都充满疑问。他的兴趣就像一汪源源不断的泉水，它来源于希望——当前的同伴可能会为他目前所关心的事情提供信息，甚至会带领他进入一个全新的世界的希望。他亲身证明了一句土耳其的格言："听比说更需要智慧"。

这句格言可能说得有些夸张。但说和听的能力实际上是紧密相连的。正如彼得·乌斯蒂诺夫[①]曾经对我说的一样："不听光说是没有意义的。"如果一个人因为自己无话可说而听，那么他很难成为灵感的来源。唯一有意义的听，是时而听取他人的想法，时而表达自己的想法。

① 彼得·乌斯蒂诺夫（Peter Ustinov），英国老牌演员、剧作家、表演艺术家、小说家、社会活动家和歌剧导演。——译者注

要 点

- 孩童般的好奇心和开明的头脑，加上敏锐的分析技巧和敏感的判断力，是成为一个好的听众的必要条件。
- 你的首要任务必须始终是掌握你所听到的话的本质和重要意义。提问以获得完整的信息。应该在评价之前先去理解。
- 为获得想法而听，不论他人说的话多么的不完整和有歧义；同时也要为获得可能相关的事实和信息而听。彼得·德鲁克曾对我说："作为一名顾问，我最大的长处就是认为自己无知，并提问。"
- 绝不要错过闭嘴不谈的时机。
- "听"的英文单词 listen 和"安静"的英文单词 silent 的字母是相同的。
- 奥利弗·温德尔·霍姆斯曾说："说是有无知识的问题，而听则是有无智慧的问题。"

> 把你的耳朵给每一个人，但声音则不要轻易给人（多听少说）。
>
> ——威廉·莎士比亚

10 为产生想法而读

创新者

The Art of Creative Thinking

阅读的用途是帮助我们思考。

——爱德华·吉布

查尔斯·兰姆[1]曾写道："我喜欢沉浸在别人的思想之中。只要我没在走路，我便在读书。我不能坐下来思考。书帮我思考。"

对许多人来说，与其说读书和研究有助于思考，不如说读书和研究抑制思考。为解闷或者娱乐而读，或者仅仅为获取信息而读，与为产生想法而读是不一样的。怎样的阅读会培养我们的创造性想象呢？

在你的书单上，好的小说可能排在前列。小说家约翰·福尔斯曾说过，小说的读者应该参与作品一半的创作。他说："我很喜欢文字的模糊性。"以"她穿过马路"这句话为例，你应该对这句话展开想象，这样你就有了自由。对于托尔斯泰的《战争与

① 查尔斯·兰姆（Charles Lamb，1775—1834），英国作家。——译者注

和平》中的人物，从来没有两个人的想象完全相同。因为阅读涉及作者和读者之间的交流，所以阅读才有其丰富性。也正是这样，散文和诗歌才会经久不衰。

弗朗西斯·克利福德创作了15部小说，他的话适用于所有对创造性思考者可能有用的书。他说："一个作家的任务不是要把所有一切用文字拼写出来，而是给予暗示、推断和提示，鼓励读者为作品贡献自己的思考和想象，从而给予读者参与到小说中来的机会。"

读书而不思考就好像吃东西而不消化。弗朗西斯·培根说得更为确切："有些书只需品尝，有些书需要吞咽，还有少数书则应该加以细嚼和消化。"细细地消化一页，甚至一段文字的内容，远比囫囵吞枣地读完整本书要更有收获。或者，正如电影巨星山姆·高德文对一位很有希望的作家所说的那样："我仔细地读过你书中的有些部分。"当我们遇到适合自己的文字时，我们应该记住《公祷书》中的建议："阅读、标记、理解、内心消化。"

如果读书的人尚未准备好通过潜移默化的影响达到更深程度的接收和吸收，那么好书则和良言一样不会有任何决定性作用。能真正影响我们的书，只是那些我们已经准备好而且在我们自己尚未走的路上已经走得很远的书籍。

一本好书的力量存在于作者和读者的亲密关系之中。这是一种在独处的时候发生的交流。它要我们在没有其他人的情况下自己就某个问题进行思考。作者应该能够将我们领向有营养的食物和提神的茶水。尽管作者不能让我们喝水，但是他应该给我们提供充足的鼓励，鼓励我们去喝水。正是因为这些内心对话的独特情形，一本好书才能够更加地深入我们的内心意识。

你不用辛苦地将一本书从第一页读到最后一页。你可以跳读和略读。因此，学习快速阅读并没有什么意义。太空科幻作家艾萨克·阿西莫夫曾说："我读书不快，但我理解很快。"浅尝一下书的内容，然后选择你想要咀嚼和吞咽的部分。绝对不要先吞咽，因为尽信书不如无书。

这种阅读带来的喜悦是难以置信的。我们可以穿越我们自己的文化和时代，在时间隧道中旅行。正如笛卡儿写的那样："与不同世纪的人对话就仿佛旅行一样。"记住前几章中的要点：你可能会发现遥远时空的想法、做法、事实或者技术突然间与你现在的兴趣和关注联系了起来。通过幸运的奇缘，你可能会惊讶地发现意外收获。

例如，你知道下列这些事情吗？

- 你知道所罗门庙是由避雷针保护的吗？
- 你知道是尼禄发明了自动投币机吗？
- 你知道恺撒的皇宫里有三部升降电梯吗？
- 你知道在詹纳发明种痘法的几个世纪之前印度人就已经用过牛痘菌了吗？
- 你知道收割机在16世纪被称为"过时的法国发明"吗？
- 你知道1 000多年前，中国人就曾从活蟾蜍身上提取洋地黄来治疗心脏病，发明了地震仪以记录人类感觉不到的地震，并且使用了指南针吗？

读书能够刺激并培养我们创造性思考的能力。即便没有别的益处，一本好书也能够让你进入工作状态。普通人会把很多时间和精力花在不可再生的资源（例如人体）上面，如果你决定把这些时间和精力花在训练自己成为一名思考者上面的话，那么你将会愿意采纳查尔斯·达尔文的建议：

> 如果我能重新活一次，我会为自己制定规则，每周至少读一些诗歌、听一些音乐，因为这样做可能会激活我大脑中现已衰退的部分。如果不这么做，就会丧失幸福，而且很可能会对智力造成损害，更有可能会对道德情操造成损害，因为这样会削弱我们本性中的情感部分。

达尔文除了是一名卓越的科学家之外，还是一位有着出色成就的画家。

要　点

- 不需要敏锐、开明且渴望获知的头脑的书就不值得读。
- 书籍是点子、想法、事实、观点、说明、信息和梦想的仓库。其中有些书，不考虑它们的时代背景，可能会和你作为一个思考者目前（或者未来）的兴趣和所关注的事物相关。

- 理查德·斯蒂尔爵士曾写过："阅读对心灵的意义就如同锻炼对身体的意义。"诗歌和散文，无论是真实的还是虚构的，都要求我们使用自己的想象和再创造能力。因此，它们给我们提供了一种培养这些能力的有趣的方法。
- 教育的真正目的就是要将你我带入一种不断问问题的状态。
- 在阅读、研究和学习的"好客"的屋檐下，你会发现房子里的灵感、启发和影响。
- 约翰·洛克曾经写道："阅读用知识的材料装点思想，而思考将我们读到的东西化为自己的知识。"

学习如逆水行舟，不进则退。

——中国谚语

11 准备一个笔记本

> 一个很普通的小册子里记录着许多部队里的术语，所以小册子的主人能够根据小册子的提示带兵打仗。
>
> ——托马斯·福勒

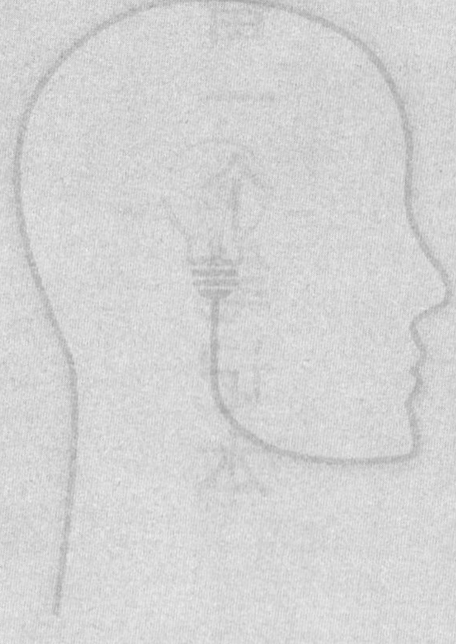

在路易·斯卡罗的《爱丽丝梦游仙境》中，国王曾说："那时候的恐怖我永远也忘不了，永远!"然而王后回答说："如果你不将它写下来的话，你会忘的。"王后的这一回答也适用于创造性思考的领域。你现在能采取的实际行动就是去买一个新的笔记本，记录下可能对你现在或将来有用的东西，包括点子、零碎的谈话、电视上看到的、收音机里听到的、文章或者书中的摘记、观察所得、谚语等等。将它们写下来!

你可能有过这种经历，在半夜醒来的时候突然想到了一个好点子，你提醒自己第二天早上一定要记得它。但是，它就像梦一样，很快就消失不见了。赫克托·柏辽兹①说："每个作曲家都知

① 赫克托·柏辽兹（Hector Berlioz，1803—1869），法国著名作曲家、指挥家、音乐评论家。其代表作有《罗密欧与朱丽叶》等。——译者注

道忘记没能记下来的想法是多么的痛苦和绝望。”他还补充说，这是根据他自己的经验而谈的。在床头准备一支笔和一个笔记本。随身携带一个笔记本，以记录在等待他人或者坐火车旅行时想到的内容。之后你可以将这些随意记下的东西誊写到主要的记事本上。

除了能够加强和延伸记忆之外，准备一个普通的笔记本来记录有价值的文章或者名言还有更大的益处。将这些内容摘抄下来，就使我们有机会去对它们进行深思。这是因为，在你慢慢地写字或者打字的时候，你就必须要注意你所记下的文字的确切形式和内容。书写的行为加深了文字在你头脑中的印象。一旦一个想法被你写下来，你就已经将其转化为自己的知识了，它就已经成为对你来说很重要的许多想法和影响中的一个。

将一个普通的笔记本用作创造性思考的工具时有两条重要的原则。第一条原则，按你遇见它们的先后顺序来记录内容。给每个条目起一个名称，也可以加上日期。不用做得特别有条理，按字母顺序将所有的东西都记录在卡片上或者活页纸上，再加上索引和附录。如果你是一位科学家，这么做可能是正确的。但是对于培养你作为创造性思考者的能力来说，这并不是最好的方法。

第二条原则，让你的直觉来决定什么值得记下来。记下凡是能够让你感觉有启发、有兴趣或者值得记住的东西。在这点上，想法的对与错都不重要，只要它是有趣的。几个月之后，可能你需要做一些整理工作，但是最初的时候，重要的是这些东西能否让你自发地产生激动的反应或者有很浓厚的兴趣。正如莎士比亚所说："没有快乐的地方就不会有收获。"

这样，在对你关注的各种问题进行创造性思考上，你的笔记本就是一个非常有用的工具。这种方法能将不同的材料聚集起来。当你翻看你的笔记本时，你就会注意到各种相联系的事物的大荟萃。正是这种本不相关的因素的聚集，或者说本不相联系的事物的互动，使得这个笔记本成为孕育新思想的温床。

下面是一些实用的建议。用硬面笔记本，但不要太大或者太厚。分类账本太重，不便携带。在文字上下留下足够的空白，以便以后再添加内容。你可能会喜欢用不同颜色的笔来书写。这些空白也能够用来做索引。标注页码，然后在页码的反面根据内容加一个简单的索引名称。

不要经常查看你写下的条目。根据我的经验，能够创造性地浏览它们的最佳时间是（除非你在为一个具体目的搜寻资料）在火车或者飞机上、在机场等候的时候，或者在度假中大脑很清晰而且不会受到日常工作妨碍的时候。

要　点

- 准备一个笔记本不仅仅是一个有益的习惯，它是所有创造性思考的重要工具。
- 弗朗西斯·培根说："如果人能在他的口袋中装上一支笔，

随时记录下他在某一时刻的想法，这样会比较好。这些非刻意追求的想法通常是最有价值的，应该得到足够重视，因为它们一去就不会复返了！”

- 写下一句名言、一段文字、一则事实或者一条信息，这是对它们进行沉思并且将它们内化为自己的知识从而使其成为自己的一部分的方式。
- 想象一下，你的笔记本就像一个万花筒。当你感觉头脑有创新的状态时，摇一摇它。你可以把玩各种组合事物和互相联系的事物。它们可能会给你带来新的想法或者思路。
- 不要忘记在你的个人收集中添加一些激励性的名言、故事和实例，因为创造性思考需要激励、鼓励和启发。如果你思想积极乐观，你的思考就会越来越有创造性。

许多想法被移植到另一个头脑中比在其诞生的头脑中生长得要更好。

——奥利弗·温德尔·霍姆斯

12 验证你的设想

创新者

The Art of Creative Thinking

如果一个人带着肯定开始，那么他将带着疑问结束；但是如果一个人带着疑问开始，他将会带着肯定结束。

——弗朗西斯·培根

爱因斯坦以擅长设想并思考其意义而著名。他常常这样自言自语:“假设我骑着一束阳光以光速行驶在宇宙之中,周围的事物看起来会是什么样子呢?”这一假设的最后结果就是相对论。通过这个理论,爱因斯坦告诉我们,行星和恒星的移动并不是因为它们受到了宇宙中其他天体的力量的影响,而是因为时空在物质之中的特殊本性所致。例如,在广袤的星空中,光线可以直线传播,但是一旦它进入一个星球或者其他大型天体的影响范围,它就会偏转或者弯曲。

和爱因斯坦一样,做**自觉的**设想是创造性思考者工具箱中的一种重要工具。你**特意地暂时**假定某事物是真实的。这就像下棋的时候移动一步,但你的手依然停留在这颗棋子上,以便当你觉得这一步不恰当时重新移动它。艾萨克·牛顿说过:“没有一项伟大的发现不是用大胆的猜测创造出来的。”

在上一段中，我用黑体对一些词进行了强调，因为这种探索性的思考的确需要和以不自觉的假想或者预想为基础的思考明确区分开来。我们都有过这样的经验，那就是想当然地把某些东西当作我们的观点或者行为的依据，然后才发现我们做了一个毫无根据的设想（可能是不自觉的）。

警惕这种先入为主的预想！它们就像港口外隐藏的礁石一样。预先的想法是你获得真知之前接受的想法。真正危险的预想是潜藏在你的意识之下的那些想法。

这是因为，我们通过各种观点或者常识，获得了各种各样的设想和预想。一旦检验，就会发现这些想法是未经证实或者有争议的，它们是我们获取新想法的主要障碍。看一看下面的练习：

练　习

在一张纸上画出由 9 个小点组成的正方形，如下所示：

画好之后，拿起铅笔，看你是否能用 4 条直线连贯地将所有的

点连接起来，注意连贯，即铅笔不能离开纸面。时限为一分钟。

答案见本书附录 C。

关于任何事物的已接受的观点都应该是值得怀疑的。一旦一个观点被普遍接受，考虑抛弃它的时间就到了。但是这么做很困难，因为，用爱因斯坦的话来说，一群人能够影响他们周围的空间，使纯正的人类思想发生偏斜。

爱因斯坦说："很少有人能够摆脱自己所处的社会环境的偏见而镇定地表达出与之不同的观点。大多数人甚至不能形成这种观点。"我们都是生活在社会中的思考者。通常伟大的思想家都是喜爱独处的人，这可能是因为他们需要与世俗观念的强大影响保持距离。

至于那些不自觉的设想，其他人可能会对你特别有帮助。当你在自己没有意识到的情况下凭空**假设**时，他们往往能够提醒你。他们会问："你相信那个吗？""你有什么证据？谁告诉你不行的？"

设想跟猜测不一样。当我们想象、猜测或者猜想的时候，我们实际上是在根据微弱的证据进行推理。猜测的意思是完全凭空或者根据很不确定的证据得出一种结论。设想则更像是采取尝试性的步骤。"假设我们这样做，会怎么样呢？结果会是什么呢？"这不是一个答案，甚至不是一种猜测的答案，但是这是困惑之际的你所能采取的一个步骤，这个步骤可能会开启新的可能。

弄清特意的预想和通常不自觉地拥有的成见两者之间的区别

则更加重要。路易斯·巴斯德说："预先的想法就像照亮实验者前进道路并带领其探索自然的探照灯。如果实验者将它们变成成见，那它们就变成了一种危险。这就是为什么我喜欢这些镌刻在所有科学殿堂门口的文字——'对思想最大的干扰就是仅仅因为想相信某事而去相信它'。"

在想象性的思考和批判性的思考之间把握好平衡，不仅是从事研究的科学家所必需的，也是所有创造性思考者所必需的。巴斯德还说："在开始对某个问题进行实验研究的时候，要想给思想插上翅膀是需要想象的。但是，在要得出结论和对观察到的事实进行解释的时候，想象必须服从实验的实时性结果。"

因此，思考会带领我们打破或者灵活地遵守一些别人认为是公理的规则。**我们不能将论点建立在错误的前提之上，这一点是思考中的一条相当成熟的规则。但是，为了进行创造性思考，在大胆的想象性的设想中，"错误的前提"可能正是你打破你的预想所需要的。**歌德曾写道："大胆的想法就像向前移动了的棋子，它们可能会被吃掉，但也可能会让你赢得棋局。"

要 点

- 通过有益的设想来探究前进的道路的能力是非常重要的。这样做并不需要承诺什么，就像在商店试衣服前不需要承诺买（或不买）这件衣服一样。

在想象性的思考和批判性的思考之间把握好平衡。

- 弄清楚错误的想法、已有的成见和无意识的设想之间的区别，当其他人挑战或检验你的设想时，你应当表示欢迎。
- 观点通常比它的正常性更可贵。观点会随着诸如团体组织或社会、所处的时间和地点等因素的变化而变化。
- 今天的公理和 50 年前的公理大为不同。50 年后的公理又是什么样的呢，那时又会有什么样的观点呢？
- 跳出成见进行思考。不要受到思维定式和预设条件的局限。

> 想象是我们所见到的现实世界的一种反映。
>
> ——阿侬

13 更好地运用你的潜意识

当渔夫打盹的时候，鱼进了网。

——古希腊谚语

13 更好地运用你的潜意识

人们已经意识到这样的事实：无意识的思想在做决定、解决问题和创造性思维方面都起着一定作用。我把这个维度称作“潜意识”，它被证明是创造性思维中最重要的一个因素。

我在以前的著作中曾提到过许多潜意识起作用的例子，类似的例子我还可以举出很多，你当然也知道其他一些例子。但主要问题是，我们能否从中学会如何更好地运用自己的潜意识以产生新的想法。

首先，我们不用去管创造性思维是从人脑的哪个部位产生的，因为这不是太重要。有关人脑的近期研究发现表明，人脑内部可能有两种不同类别的智能：左半脑控制人的分析能力、理解能力以及语言能力，右半脑控制人的直觉和艺术智力。因此也出现了大批有关“右脑”思维的书籍。

一分为二地去看待需要证明的事物，这是一种趋势，这项研究正好证明了这一倾向。把事物明确地划分为两个阵营，比如黑与白，是一种很好的教学手段，但这很容易让人一成不变地将本来很复杂的问题过于简单化。比如说，在创造性思维中，分析能力、批判能力和综合能力都会起作用。大脑的两个半球都会参与到创造性思维中来。

有效思维的结构

我认为，**当我们思考时，三种基本功能要么正在发挥作用，要么正在待命。**

- **分析**。把整体分解成各个组成要素。先从字面上“分解”原本的意义。这种提炼事物的方法出现在18世纪。
- **综合**。源自希腊动词“先放松，后拉紧”。是把各个要素联合起来组成一个复合体的过程，尤其是形成概念、想法、理论等的过程。
- **评价**。对价值进行评估，特别是在与其他事物做比较时对价值进行评估。源自拉丁词汇“有意义”“有价值”。

你会注意到前两种思想功能是有关联的。分析是把整体分割成部分，综合正好相反，是把部分整合成一个复合体或联合体。而评价，则是来自另外一个家族。我们的评价能力是天生的，但是我们的实际评价是由生活中特殊的文化环境决定的。至于是否存在普遍“价值”——比如真、善、美，这是一个哲学问题，超出了本书讨论的范围。在我看来，仅就价值而言，普遍“价值”是存在的。我认为，我们的评价能力就像雷达，当真正价值出现在它的中心屏幕上时就能将其辨别出来。我们能分辨出命题的真实性，例如2+2=4，这是显而易见的。

评价与创造性思维相关联，这是因为创新这个概念正是基于价值之上的。因此，我们保留这个单词仅仅是为了某类新思想，而不是为了蜂拥而至的大批新奇事物。称某种东西具有创造性，说明它的确具有真正外在的或内在的价值。

情 感

心理学家（从性情看，有成为分析家的倾向）把人的思想分为**思维**（认识、感知或思考）、**情感**（感觉、情绪或欲望）、**意志**（决心的实践）。但事实上，思维、情感和意志几乎是无法分辨的，因为我们大脑只被一种思想主宰。

情感和动机源自同一个拉丁动词“感动”。我把情感比作使电脑工作的电能。正如我们所知，太多的情感——特别是像害怕、焦虑或恐慌这样的消极情感——会影响人的思维，让人实际上不能清晰地或创造性地思考。另一方面，积极的精神面貌——浓厚的兴趣、好奇心和自信——能帮助人最优化地利用脑力资源。一个有效的思考者总是很善于控制自己的情感。

当然，创造性思维者倾向在工作中投入强烈的情感。伟大的工程师伊桑巴德·金德姆·布鲁内尔在日记里写到克利夫顿吊桥时，就像是在谈论他心爱的人："我的孩子、我亲爱的，正在被建造——从上周开始的——这太令人高兴了。"

潜意识

我把思想比作海上的潜水艇，有时能离开水面，潜入大海深处航行。随后，它又能浮出水面进入有意识的状态。

正如很多相信弗洛伊德理论的人所说，压抑的记忆和情感宝库，即无意识的思想远不是杂乱无章的，它能有目的地处理工作。但无意识是如何起作用的呢？答案是谁也不知道。

我自己的理论是，潜意识自身有着一套分析、综合和评价的能力。在完成工作时，它有时——像电脑一样——会在我们的意识中呈现出它的发现或解决办法。当然，这些"呈现的东西"并不总是一些富有想象力的或创造性的想法，也不总是包装好的有价值的"成品"。

我们大多数人都体验过潜意识的成果，比如直觉（未经思索的直接觉察）、预感、前兆和暗示。**对创造性的思考者来说，暗示——对未知事物的一种提示——尤为重要，因为这可能预示着他的方向是否正确。**这不需要预知能力或额外的洞察力，这是潜意识在起作用。对自然现象理解之后，抓住越过了意识门槛的线索，把少量的信息以**猜想**、**暗示**或**提示**的形式整合起来。比如说，有时候，人在有所发现之前，会莫名其妙地感到喜悦或激动，这预示着他正朝着正确的方向前进。

要理解潜意识的工作方式（参见附录B），或者至少要说服你们我不是在胡编乱造，就让我们来看一些有关艺术家们理解创造的案例研究：人们构想之前不存在的事物，想象出其形状并将其创造出来的全过程。

伟大作曲家的案例

柴可夫斯基是这样描述他的潜意识发挥作用时的情景的：

> 有时我好奇地发现，在我正与他人交谈时，突然脑中闪过一个与谈话内容毫无关系的想法，这个想法又将我拉回到我作曲时的那个断点上。有时这种想法与对已有作品进行润色的细节有关；有时这种想法是一种全新独立的音乐、创作思路。

C.S. 福雷斯特——《霍恩布洛尔船长》作者的案例

创造的过程更像是新种下的一粒种子，与另一粒已有的种子结合起来，共同生长。在C.S. 福雷斯特的自传《四十岁以前》（1967）中，作者描述了他自身感觉到的潜意识活动的情况。

他创造性地运用类比来帮助我们理解（见第3章）：

创造的过程
更像是新种下的一粒种子，
与另一粒已有的种子结合起来，
共同生长。

海洋中有漂浮着的水母。除了寻找日常的食物，它们什么都不做。但它们有四处漂流的机会，还能找到有营养的食物。一旦一些微小生物进入了它们的势力范围，它们就会把这些生物抓住、吞没并消化掉。我把自己比作水母，抓住的微小生物就构成了我的故事和情节、大纲或主题——你可以自己选择一个你认为能更好地描述小说框架的词。海洋中有比水母更为高级的生物，在人类的海洋中，每一个人却都会有与其他人相似的经历，但是有些人像是水母，有些人却像鲨鱼。类似水母的作者会抓住一点点食物以及微不足道的但具有启发性的经历，并把它们运用于自己的专业领域。

我们可以这样继续类推：一旦这些小生物进入到水母的胃里，消化液便开始分泌，水母还没有意识到要去做什么时，它们就被转化成了一种不同的原生质。

通常，这种事情也发生在我身上，意识到它们是什么之后就有了最初的想法。与朋友的随意闲聊、书中的某个段落，或者是在马路边看到的小事，都有了特殊意义并受到特别的欢迎。但是欢迎它们到来之后，又被我们遗忘，至少是忽视了。这些片段，犹如浸水的木头沉入海港底部的淤泥中一样，也沉入了我潜意识的底部，在那里它会遇到我以前感知到的片段。然后，这些素材与它的伙伴们就会周期性地但非系统性地浮现出来接受检验，就像是那根木材迟早有一天也会因为长出藤壶而被发现一样。某个早上当我刮胡子的时候，或者在某个晚上当我正在考虑晚餐是喝白酒还是红酒时，这些最初的不成熟的片段会出现在我的脑海里，并得到

> 进一步发展。这些片段几乎总是会跟某部小说或者某个小故事的中间部分有一定的联系，而它有时会朝着结尾、有时会朝着开头发展。事情的偶然概率是很高的——就像某些木材根本就不长藤壶——但是在过去的40多年里，这些偶然浮现出来的东西对我来说就足够了。

也许著名作家E. M. 福斯特的话是C. S. 福雷斯特有关潜意识运转画面的最好概括。福斯特说："在创造性的状态下，人没有意识。他处于完全放松的状态，他的无意识装备会草拟一些他在正常状态下无法得到的东西。然后会把这些东西与他的一般经历结合起来，创作出一件艺术作品。"

很显然，有些职业——如作家、发明家、剧作家、科学家和作曲家——会比其他人更多地运用到这种潜意识。但是，我们每个人建立事物之间的联系、生成新的想法或成品的能力却是不同的。第一步，**你必须认识到你的头脑中存在一个潜意识的尺度。有了一定程度的简单意识、理解和技能后，你就能运用这些综合能力来产生新的想法，这些想法似乎能联结或整合看起来毫无关系的事物，从混乱中产生秩序。**这是一种技能吗？当然是的，因为你得知道何时让位于你的潜意识，让它去工作。

要　点

■ 英国有句谚语："我们地图上还有很多未标出的国家。"创造性思维正是在探索和创立这些未知的领地。

- 有意识思维的功能——分析、综合和评价——在更深一个层次仍会产生。潜意识能分解事物，正如胃酸能分解食物一样。
- 潜意识能分析你自己可能还不知道已经接收的数据，并把它与你记忆库中已存储的事物做比较。
- 潜意识不但具有分析能力，还与记忆的位置和价值库紧密相连。同时它还是无形技艺制造创造性综合体的一个场所。
- 当然，我们能有意识地进行综合。我们能把二加上二组成四，也能把皮革碎片连接起来做成鞋子。但是创造性的综合体可能是想象元素的集合，而各个元素彼此是独立的或毫无联系的。原材料要经历一次次重大变革。需要这种形式的综合体时，潜意识就自成一体了。
- 若用人的某一器官来类比潜意识的功能，这个器官就是子宫，受精之后胎儿就会在这里成形，慢慢获得生命。“整体”这个词——是指从种子到成品的自然趋势——被适宜地用来描述大脑内部思想领域里的综合过程。一个婴儿就是一个成品。因此一个处于构想中的或正在计划着的新想法有时被称作“大脑的孩子”。
- 意识与潜意识是紧密相连的，你可能也已经体验过潜意识的评价性思维，当它对你自己的行为做出道德评价或判断时，你会感到内疚甚至是懊悔。这种使你心智健全的不速之客正是在提醒你，潜意识在某种程度上是自动的，它不是你的奴隶。亨利·梭罗曾经大胆地提出："人类的无意识状态正是上帝的有意识状态。"

13 更好地运用你的潜意识

存在一种隐秘的、难以理解的技艺，能协调一些不和谐的因素，并让它们在一个共同的群体里彼此依赖。

——威廉·华尔华兹

The Art of Creative Thinking

创新者

14 不要等待灵感

创新者

The Art of Creative Thinking

噢，上帝，只要我们付出劳动，就把所有美好的东西给我们吧。

——莱昂纳多·达·芬奇

"我能从遥远的深处获得灵气。"莎士比亚《亨利四世》中的欧文·格兰道尔夸耀道。豪斯伯回击这个热烈的凯尔特人说道:"我也能,所有的人都可以。但是当你需要灵气时它们会出现吗?"毫无疑问,莎士比亚写的这些都来自自己的亲身经历。灵感说来就来,说走就走,是无法预料的。

在创造性的工作中,等待适宜心境的出现是不明智的。格雷厄姆·格林曾经说过:

> 写作需要发现它的规律。当我要专心写一本书时,写作是我每天所做的第一件事情,早上七八点钟,在洗澡或刮脸、看邮件或做其他任何事情之前我就开始写作。如果人总是等待人们所谓的"灵感",他将一个字也写不出来。

惊险小说作家莱斯利·托马斯也赞成这样的说法:

人们总是问我："你会等待灵感吗？"如果小说家等待灵感的话他将会被饿死。我通常是毫无思绪地坐在那里，眼睛盯着白纸。一旦我动笔了，写作就进行下去了。

看起来这似乎不大可能，就像要开动油箱里装满水而不是汽油的小汽车一样。你只能下来推车。能前进一点总比原地不动强。

电灯的发明者托马斯·爱迪生对天才有个著名的定义："天才是99%的汗水加1%的灵感。"创造性思维，100个小时的工作中有99个小时是非创造性的，不同的是最后一小时内把分析、综合、想象和评价融合在了一起。原材料经过筛选、鉴定、改造、改变后以不同的方式黏合在一起。当维多利亚女王称赞世界闻名的钢琴家帕德瑞夫斯基是一个天才时，帕德瑞夫斯基回答道："可能是吧，但是，我在成为天才之前只是一个做苦力的人。"

但是，并不是所有的智慧苦力都是天才，还需要其他东西。不仅要在灵感未光顾之前自发地开始工作，不分昼夜辛勤努力，你还需要特别敏感，就好像你静静地站着等待时，你所有的感觉器官都处于紧张状态，思索着、准备着，连最微弱的风掠过树梢都能感觉到。你的心灵之眼能够探索到你潜意识的微妙活动，有些思维就像是空气中一片摇曳的树叶。它不是静止的，不是让余烬死灰复燃的空气，也不是只会跳动的不成熟的想法，但当这三种神秘的东西混杂在一起时，就形成了灵感。

德国诗人歌德用了一个更加朴实的形象：

> 最糟糕的是，绞尽脑汁之后并不会产生好的想法。好想法的产生就像是上帝的好孩子，会叫嚷着："我们来也。"但是它们不会莫名其妙地到来，这将是你努力思考的结果。在你放弃努力时，它们就会双手插在口袋里，闲庭信步。如果你所做的努力还不足以敲开思想之门，那么，谁知道它们还会不会到来呢？

詹姆斯·瓦特生活中的一件小事很好地说明了歌德的原则。瓦特在格拉斯哥大学研究时发现纽科门蒸汽机的电容器不是很有用。要获得每次撞击的能量，需要在开始时往气缸里注入蒸汽，然后用水喷将其冷却。冷却的过程会使空气凝结，在活塞后面形成一个真空，空气的压力就推动它运转。瓦特计算了一下，从给气缸加热到使其冷却的转换过程，会将提供给发动机的热能浪费掉3/4。因此，瓦特意识到，如果他能阻止这种能量的流失，就会让发动机消耗的能量减少50%。他花了两年时间来研究这个问题，但并没有任何显著的进展。一个星期六的下午，天气晴朗，他外出散步：

> 我进入一片绿色地带，经过了一栋古老的洗衣房。那时我一直在思考发动机的问题。突然一个想法在我脑中闪现，蒸汽是有弹性的，它能充入真空中，如果在气缸和完全膨胀的导管之间有连接的话，蒸汽将能充进去，不需要冷却气缸，蒸汽就可能会凝结……那时我离开羊圈已经走了很远

了。刚走到高尔夫场地时，整个过程在我头脑里都清晰了。

“就像是在溪流上飞舞的长腿昆虫，思想沉浸于寂静当中。”罗伯特·弗洛斯特这些引人深思的词语强调了创造性思维需要寂静的环境和孤独的心境，就像你在乡间漫步时所感受到的。你有所期待或满怀信心的心境，对创造性思维也很有用。**我们每个人都能有创造性的思维，没有折回的可能，所以我们已经在思维的半路上。我们只需要相信空气中有词语和音乐，也就是说，我们要将大脑调到正确的频道上去。它们将会在合适的时间、合适的地点出现。**我们的任务就是做好准备迎接它们。灵感和机会一样，会偏爱那些有准备的人。相反，在你情绪消极，如恐惧、忧虑或担心，甚至是焦虑时，灵感也不会到来或回来。消极的情绪会赶走人们渴望的东西。我们要坚信：“冬天已经来了，春天还会远吗?”

要 点

- 潜意识是一个集会点。有时候它就像是人类思想和神秘灵感之间的聚会场所，产生真正创新的想法和新的创造。
- 当然，这只是一个假定，如果你喜欢，可以称之为未经证明的假设。不管正确与否，把它看作真实的话，可能会是一个有用的、有建设性的策略。
- 各种各样的创造性思想者，包括科学家，只要他们承认在真正的创造和发现产生的过程中存在着高深莫测的、不可估摸的神秘力量，他们都会保留灵感的某种精神模式。

- 虽然其他人被明确地赋予这样的天赋，但你和我都可能拥有创造性思维的能力，只是在质量上和程度上有所不同。是谁赋予人们这种天赋的？这种天赋又是怎样被赋予的？它的特点是什么？最好要怎样保存？它会消失吗？
- 不要等待灵感，否则你将永久等待。在思维路上的某个阶段，灵感会像朋友那样出现在你左右。“首先坐下来，”让·考克多说道，“然后再进行思考。”
- “智慧在新发现的路上作用不大，”爱因斯坦说，“有意识阶段里会出现思维跳跃，称作直觉或期待，解决方法会自动呈现，你自己也觉得莫名其妙。”
- 开发内在的灵敏性或意识，这样你心灵的眼睛和耳朵会察觉到内在或外界、上面或下面最细微的活动，在前进的路上会给你提示。仔细聆听这些提示吧！
- 你不能完全控制真正创造性思维的创作过程。但是，只要你对期望抱有正确的态度，再加上适度的希望和信心，一定会有所收获。

尚未努力给灯装满油就将其点燃，这不是好的做法。

——罗伯特·弗洛斯特

15

提高你的分析技能

创新者

The Art of Creative Thinking

人不要在某个问题上笃信一种观点，而是应该研究问题，在适当的时候，答案自己就会显现。

——爱因斯坦

“当我思考某件事情时，有时我会感到沮丧。”身为科学家兼银行家的罗德·罗斯恰尔兹说道。他是皇家阶层的成员，也是英国政府“智囊团”的首席负责人。他说，他的分析能力很强，但没有真正的创造性思维。“综合性思维、创造性思维是一个比较高级的指令。有创造性思维的人们总能听到美妙的音乐。我只听到过一次或两次。”

现在罗斯恰尔兹相信，我们的思维方式都有着不同的优点和缺点，这无疑是正确的。创造性的思考者在综合能力和想象力方面明显很强。但是最好的创造性思考者也同样有着很强的分析能力和评价或评判能力。正是这些智力上的优势，再加上自身一些重要的品质或性格，造就了杰出的创造性思维。

所有的这些能力——分析、综合和评价能力——在你试图进行创造性思考时都会起作用。在大脑工作的某个阶段，某种能力会压倒另外两种能力起主导作用，但是它们不会完全消失。这也能部分地解释创造性思维为何不能被分解成一个过程（心理学的分析家曾不断地尝试过），也不能分解成一种系统。创造性思维不是一种从分析到综合、从综合到评价的确切过程。

鉴别这种潜在过程最好的方法就是格雷厄姆·沃拉斯在《思考的艺术》（1926）一书中提到的方法。他提出思想种子的萌芽经历了四个阶段：

- 准备阶段；
- 酝酿阶段；
- 启发性阶段；
- 证实阶段。

这个方法过于简单化，因为创造性思考者不一定会遵循这个过程，尽管如此，这仍是一个有用的框架。

根据沃拉斯的观点，从大的范围来看，创造性思维的第一个特点就是专心致志，完全沉浸在一个特殊问题或事件之中。接下来有意识地将注意力从主题转移，这可能是很偶然的也可以是设计好的（酝酿阶段）。有时候，当思想接受批判性检验时，智慧之光或直觉会突然闪现（启发性阶段），然后会对先前的想法进行修改（证实阶段）。

与之相比，我的观点略有不同。当你意识到你在试图分析你所关注的问题时，这属于有意识阶段。你可能是在胡乱地重建思想（综合阶段）。随后你会对自己的设想进行评价，比如问自己："有必要在这上面花费时间吗？"你的想象力可能也会介入其中，一些显而易见的方案及其后果会在你的脑海中呈现出来。你可能会给自己建议或问自己问题，比如"记住不要接受脑子里想到的第一个方法"或是"我是在无意识地做些假设吗"。这个阶段等同于沃拉斯的"准备阶段"，但沃拉斯的这个提法会让人误解，因为我们可能会经常回到思维有意识的工作阶段。

在我们不思考时，分析、综合和评价这些活动会继续——但是在我们深层次或"无意识"层面上。它们不是一成不变的。我们可能以不同的方式接收到这些潜意识的成果。例如，美国诗人艾米·洛厄尔说过："在它们触及意识的地方我遇见了它们，这在发展的路上已经是一段很长的路程了。"

思想从无意识到有意识的过程并不表示创造性思维结束了，这只是进行了一半。在创造性思想出现的过程当中，还会出现其他一些创新的想法和进展。事物是在制造的过程当中完成的。

分析的对象是清晰的思维。因为清晰的思维应该在创造性思维之前或与创造性思维同时产生。你思考的核心是什么？是一些必需品和一些日常问题？或是能用不同方式勘测到的一种资源？如果是一个问题，那么，有什么标准来判断这是令人满意的解决办法呢？

看看问题的定义（参见附录A）。你是在对症状而不是对疾病本身进行评估吗？通常会有几种同样有效的方法来定义问题。但是每一种定义都是笼统地陈述解决问题的潜在方案。所以，收集不同的定义是很有意义的：你所采用的定义会在编排你的深层思维时产生重大影响。如果这个定义没有效果，就尝试另外一种吧。

种痘法的首创者爱德华·詹纳描绘了重新定义问题是多么有用。在18世纪末，詹纳在想，为什么人们会染上天花？而乳牛场的女工却没染上呢？答案是乳牛场的女工因为接触了相对而言危害很小的牛痘而产生了免疫力。他的这种思维方式为消除天花的根源迈出了第一步。

两个人走在非洲丛林中，遇到了一只非常饥饿的印度豹，两眼凶残地盯着他们。其中一人从他的背包里掏出一双跑鞋，弯下腰准备穿上。“你这是在干什么？”他的同伴绝望地叫喊道，“你不知道印度豹的速度能超过每小时60英里？”“我知道，”他系好鞋带后回答道，“但是我必须得超过你。”

最好的建议就是，不要把目光只放在问题的某一个方面。**你要学会从整体上思考问题，就像科学家会浏览问题的每个方面以寻找线索一样。**听听黑兹尔·罗索蒂是怎么说的吧。“不管工作的最后目标是什么，”黑兹尔·罗索蒂在她的《介绍化学》一书中写道，“实验型化学家的直接目标就是向他正在研究的对象提一些适当的问题，然后让他们自己回答。化学家的工作就是最准确地观察并报告问题的答案，只有这样他才能试图去解释它们。”客观、公正的态度与创造性思考者思维的有意识阶段是有关联的。

很容易在思考问题或事情（比如思考那些棘手的无意识假设）时引入主观因素。对具体的方面进行耐心的分析和重建，运用你想象力中的不同视角来观察它：如果这一过程能像自动取款机一样工作，那么将会加深你对问题的理解，得出正确的解决办法，至少可以找到前进的正确方向。

要 点

- “人们会采取权宜之计来避免真正的思维活动。”约书亚·雷诺说道。你愿意在你面临的问题上花费时间和精力吗？别把它们看作是问题，就当作是思考者锻炼技能的机会。
- 分析技能——从事物的各个部分去洞悉潜在的原则或思想——是创造性思考者脑力资源中一种很重要的能力。
- 创造性思维没有标准的过程或体系，也没有可以学习的系统。创造性思维最根本的是思考自由。自由地思考意味着思维不受步骤、系统和训练的束缚。
- 最好的创造性思维就是那些年轻时曾遵守各种纪律、之后又回到了自然的无拘束状态。
- 在分析问题时，不要太急于去定义问题。在你认可的表述未出现之前，多参照其他的表述。

100 万人中有 1 000 个思考者，1 000 个思考者中只有 1 个独立思考的人。

——阿侬

16 延迟评价

创新者

The Art of Creative Thinking

批判通常是从挑出树上的毛毛虫开始，并与大树一起成长。

——萨特

德国诗人约翰娜·席勒在200年前曾写过这样的话：

> 我在进行创造性思维的时候，思维能力好像把门口的警卫撤走了，思想杂乱地涌进来，这时大脑才察觉并审查这些繁杂的思想。你重要的批判能力，不管你把它称作什么，会羞于并害怕从所有这些真实的思想中发现瞬间的或短暂的疯狂行为……你会抱怨自己一无所获，你之所以一无所获，是因为你太快地拒绝了这些思想，并对它们进行了太严格的区分。

这里有两点很重要。第一，我们在我们的思维中安置了“警卫”。我们过快地批判或评价自己的想法——或不成熟的想法。批判，特别是全面否定的批判，可能像是春天里寒冷的白色霜冻：它会冻死种子和叶芽。**如果我们让“批判警卫”放松一下，让这些思想从容地进来，我们可能会产生更多有建设性的想法。**

要分清评价和思想流畅两者的不同。在你还没找到自己满意的想法之前，要接受其他丰富的想法，然后把它转换成你想要的形式。

第二，谨防批判！有些人太苛刻了。中国有一个成语叫“吹毛求疵”，就是描述了这种现象。任何一个理智的人都应该虚心接受别人的批判。朋友的一个职责——如果没有其他人可选择的话——就是要对你的工作，也可能是你的个人行为提出建设性的批评。**如果我们听不到这样的批评，我们就不会进步。但是每次评价都需要有合适的时间和地点。当你正在探究或尝试新想法时评价就不是很合适。**这就是为什么专业的创造性思考者——如作家、发明家和艺术家很少谈论进展中的工作。

众所周知，某些环境对创造性工作是有害的。荒谬的是，大学就是其中的一种。大学的一个主要功能就是拓展知识的新领域。因此，你会期望大学里聚集的是富有创造性的科学家、工程师、哲学家、历史学家、经济学家、心理学家等。但是学术的选择和推进主要是基于他们的智力甚至是聪明程度，他们是分析型和评判型学者，而不是创造性思考者。大学环境会助长过度批判之风。当年轻的历史学家 G. M. 特里维廉告诉他的教授他想写有关历史的书籍时，他的教授给他的建议是离开剑桥大学。艾里斯·默多克离开牛津大学，放弃哲学家的学术生涯，部分原因也是如此：在批评氛围浓厚的大学里，很难写出有创造性的小说。

其他人过早的批判
会毁掉创造性的种子。

同样的原则也适用于学校、学院、教堂、产业和商业组织，甚至家庭。你周围的人都不愿意太早对你的想法发表意见。“我不说出我的想法就可以了”，你可能会这样回答。但是这样会误导你放弃与人讨论，而与人讨论对于思考者来说是很重要的。正如人们普遍认为的“三个臭皮匠，胜过诸葛亮”。他们可能会有相关的经验或知识。他们可以引导你质疑你的预想，帮助你确信你所信任的都是事实。总的来说，你需要其他人去思考——因为思考是一个社会活动——但是，你不需要过于苛刻的人来批判你，也不需要和那些为了敷衍你的需求而保留自己批判性意见的人打交道。

要　点

- 延迟评价意味着一方面在思维的分析能力和综合能力之间建立一个临时的、人为的障碍，另一方面在分析能力和评价能力之间也建立障碍。
- 其他人过早的批判会毁掉创造性思维的种子。除了运用好自己的批判能力之外，你还需要利用好他人的批判能力。这包括要知道在什么时候以怎样的方式拒绝批判，而在适当的时候以适当的方式鼓励批判。
- 家庭、工作团队或组织的某些社会氛围会鼓励和激发创造性思维，而另外一些氛围会压抑或压制创造性思维。后者更注重分析和批判能力，而不是思维的新颖性和独创性。

- 真正的批判，其目的既不是赞扬也不是指责。公正地分辨思想，稳固地创建思想，智慧地表述思想，诚恳地接受思想——这些才是批判的真正目的和职责。

要找到错误很容易，要改正错误却很困难。

——普卢塔克

17 学会容忍不确定的事物

混乱培育生命，秩序培养习惯。

——亨利·亚当斯

“消极能力指的是人们能正确地对待不确定因素、神秘事物和疑惑，不会急躁地去探求事实真相和原因。”诗人约翰·济慈的这些话，指出了创造性思维的一个重要特性。他觉得，这是赋予威廉·莎士比亚这个创造性思考者最好的礼物。他补充道，**对于所有的创造性思考者来说，“能容忍一知半解的知识”是很重要的。**与济慈同时代的诗人塞缪尔·泰勒·柯尔雷基也说过同样的话，他说：“暂时放弃信仰，这将形成诗歌信念。”

有些人天性就对模棱两可的事物感到不安，甚至产生压力。他们急于弄明白事实——确定任何事情——仅仅是为了摆脱一无所知的郁闷状态。他们就像不愿等待心仪女孩的青年男子，不愿等待就结婚，只是为了改变未婚的状况。

思维有时候把你引到一扇锁着的门前。不管你怎么敲门，门就是不开。好像是一种无法超越的障碍，拒绝让你找到你想要的，尽管你能感觉到那里有你想要的东西。你感觉到你像是失去了活力，正在黑暗中徘徊。你有的只是没有答案的或没有完整答案的问题、疑惑、不确定事物和矛盾的事物。你怀疑自己的健康出现了严重的问题，正在等待医疗诊断的结果。忧虑或恐惧是无法抵抗的。如果忧虑的对象不清不楚、不明不白，忧虑就会变成恐惧。如果你在丛林中看到一只老虎向你奔来，你会感到害怕，但是没有老虎时，你仍会感到害怕，你是在遭受忧虑的困扰。

用健康做类比，人们需要的是胆量。胆量并不是要消除忧虑或恐惧——如果我们没有忧虑和恐惧，那就不是常人了。有胆量是指有能力包容、控制忧虑，这样就不会让我们陷入无为的状态。

更多创造性思考者比其他人更能容忍不确定的、复杂的和明显杂乱的事物。因为这样的情形经常会造成最好的结果。他们觉得不需要去得到一个未成熟的结论或解决方法。这种节制需要精神上的勇气。因为你需要很长时间容忍充满疑惑和含糊不清的事物，而在积极的王国里这是一种消极的状态。积极事物和消极事物总是在激烈地争吵，你注定要产生心理压力。

美国伟大的先驱丹尼尔·布恩，因前往西部边境（现在的肯塔基州）无人涉足的森林探险而闻名。有人曾问他是否迷过路，他思索之后慢慢地回答道："我不能说我曾经迷过路，但我有三天确实感到迷惑。"作为一个创造性思考者，你可能不会感到完全迷失方向，但是，你肯定会在很长一段时间里感到迷惑。“含糊不清”这个词源自拉丁语，意思是“徘徊、漫步”。当你的思维不知道要往哪个方向前进时，就需要暂时停下来。

勇气和毅力就像是兄弟。“我月月在思考，年年在思考，”爱因斯坦说道，“九十九次的结果都是错误的，在第一百次尝试时，我终于成功了。”创造性思维需要不厌其烦的耐心——但也不总是需要。要发现秘密不是那么容易。你必须心甘情愿，不管遇到多大阻力，遭到多大反对和挫折，必要时要坚持自己独特的想法。

当你觉得坚持不懈是一件困难的事情时，就想想蜜蜂吧。一朵红色的苜蓿花里含有的糖分比一粒谷子所含糖分的1/8还少，酿一磅蜂蜜需要7 000粒谷子。蜜蜂到处采蜜，为了酿一磅蜜，它需要采集56 000朵花的糖分，每朵花需要采集60次。这样，要酿制一磅蜜，蜜蜂共需要采蜜336 000次！

要　点

- 积极能力就是你能在一段时间内容忍疑惑和不确定的事物。法国小说家安德鲁·纪德说过：“如果人在很长一段时间里因看不到海岸就惶恐的话，那他就不会发现新大陆。”
- “疑虑是一种令人不快的精神状态，”伏尔泰说道，“但是确定性也是很荒谬的。”

- 人都需要学会容忍模糊的事物，因为生活终究无法完全理解。生活本身充满了不确定性。随着我们年龄的增长，无法解释的事情也会增加。
- 安德鲁·塞戈维亚说道：“没有耐心的人就像是一盏没有油的灯。”创造性思维是积极活跃的、有耐性的一种形式。等着秩序从混乱中显现。当时机到来时，需要有一位促成者。
- “注意，你拥有的花蜜不会一直保持你刚获得时的状态，”彼特拉克写道，“蜜蜂是不值得信任的，直到它们把花蜜变成了更好的蜂蜜。”
- 钥匙链上的最后一把钥匙往往是能打开门的。

> 任何伟大的事情都会有一个开始，只有彻底坚持到最后才是真正的荣耀。
>
> ——弗朗西斯·德雷克

18

观望 等待 顺从

白日梦就是思想的安息日。

——埃米尔

你面对问题的时间越长，就越容易找到解决的办法。尽管创造性思维需要持续的注意力，但是不需要在几年的时间里，把注意力时刻都集中在一个问题上。就好像你正把问题、困难或机会委托给了思想的另一部分。通过有意识的思维工作唤起你的潜意识之后，你就要集中注意力了。等待你的无意识思维呼唤着你："嘿，你想过……吗？"

你应该学会期待你的深层次思维能保留下来。记住有无数双眼睛正关注着它的创造性能力。作家 H. E. 巴特说道：

> 我的故事以及故事里的人几乎都拥有想象力，我们对大脑中产生想象力的部分了解很少，很多小事，如窗外的一张面孔、偶尔听到的一句评论、忧伤的眼神以及海风的声音，能一次又一次地激发想象力。故事就从这些显而易见的琐事

中、从极小的一粒种子中展开了。

当你的深层次思维起作用时，你会有一份友好的、积极的期待。这时，很重要的一件事情就是让你的分析和批判能力运转起来。**“当你的潜意识起主导作用时，不要有意识地去思维。只需观望、等待、顺从。”**

乔治·本杰明是世界闻名的作曲家之一：

我不喜欢人们用“天赋”来描述我的创作。每个人都有天赋，尽管人们没有意识到它的存在。我非常幸运地能相信自己拥有能力。当我进行创作时，开始会很缓慢。连着几个星期我什么事情也没做，只是在一个地方绕着圈子，思考着。但是这就是创作：大脑在无意识地进行挑选和整理，然后呈现出来——就好像是音乐自己创作的一样。一篇管弦乐作品有成百上千个音符，每个音符之间都相互联系。刚开始，人们会尽力确定联系各个音符之间的规则，这与智力而不是创造有关。但是所做的努力都不会白费。大脑能把所有事物以难以置信的方式联系起来。最后，创作就会一气呵成。

大脑的确能以难以置信的方式将事物联系起来。对于莱昂纳多·达·芬奇来说，科学和艺术这两个领域是紧密联系在一起的。他记录科学的笔记本上填满了图画、图像和颜色。他画画用的写生簿上到处是几何学、解剖学和透视图。他写道：

为了培养完整的思维：

学习艺术中的科学，

学习科学中的艺术。

学会发现和理解一事物与另一事物的联系。

记住罗丹的话吧：“我没有创造任何事物，我是在重新发现。”如果你知道事物与事物之间是有联系的，这点会让你有点自信：这就变成了如何去辨别、挑选和组合的问题了。

你可能意识到当你的身体部位正处于积极状态，而当有意识思维暂时停止时，你的深层次思维会起作用。人们在走路或开车时会冒出一些想法，事物之间的重要联系促成了X射线结晶学的发展和身体扫描仪的发明，而它们的发明人都是在外出散步时意识到这些联系的。生理上的放松——坐火车、洗澡、早晨醒来躺着——也是很有益的。

小说家约翰·卡瑞是众多创造性思考者之一，他发现散步在创造性思维的过程中起着很好的作用，虽然不是直接的。

我有散步的习惯，正如我有很多其他习惯一样。如果我没有得到我想要的答案，我就会感到沮丧。散步会让我思维顺畅。在我散步时，我几乎不能创作，并且通常会忘记我已经写出来的重要句段。但是回到家后我就会明白生命是存在的，有时是美丽的。

要　点

■ 创造性思维艺术中最基本的技能，就是知道何时应该暂时搁置问题。如果你自信你的无意识思维会接过这个接力棒的话，暂时搁置问题就变得很容易了。

- 当你的思想或思路正开始显现时，不要试图去进行有意识的思考。让它们在属于自己的时间和范围内漫步。在该方面认识比较深入、个人对该部分饶有兴趣，会为你的潜意识的发挥创造出合适的氛围。
- 所有的创造性思维都来自所看到的或产生的联系。一事物与任何其他事物都是有联系的，但是我们的思维并不总能察觉到这些联系。
- 我们需要根据不同领域的标准从无数的潜在组合中进行选择。判断这个组合是简单的吗？是真实的吗？是美丽的吗？是有用的吗？是可行的吗？还是商业的？
- 要评价一个人不能只看他的答案，还要看他提出的问题。

提出新的问题、新的可能性，从一个新的角度看待旧的问题，需要有创造性的想象力，并能评价科学中实质的进步。

——爱因斯坦

19 枕着问题入眠

在眼睛能看到之前，通常是心先看到。

——托马斯·卡莱

入睡之前放松地躺在床上，会有助于人们认识那些需要深层次思考的问题。这种方式的作用是有目共睹的。莱昂纳多·达·芬奇写道："黑暗中躺在床上，在头脑中再次回想先前研究过的问题的主要框架或是其他经过创造性思考后得出的引人关注的结果，这是极其有益的。"

当然，你很希望能在梦中得到答案。人为什么会做梦仍是一个谜。梦是人脑想象力的特殊创造物。有时，他们会从人脑的隐形部位为我们提供信息，但这不是通过声音，而是通过用一种陌生语言进行编码后的影像。

缝纫机的发明者陷入了僵局，因为他不能让线始终如一地穿进针眼里。在他茫然不知所措时，有天晚上他梦见自己被扛着矛的当地人追赶。当他们接近时，他发现每支矛的刀刃底部都有一个小洞，第二天他做了一根针，把针眼做在针尖这端而不是在顶部。他的缝纫机因此就诞生了。

当你醒来时，你可能想尝试记下你能回想起来的梦中片段，看看从中能得到多少建议或价值。即使它们不能解决你的问题，做梦也能折射出你真实的想法和愿望，特别是你被这些想法压抑很久时。正如威廉·戈尔丁说的那样："睡梦中的思维就是未经分类整理的东西从被大风刮倒的垃圾箱里四处飞出来的状态。"

偶尔，你会从你的梦里得到有意义的线索。洛伊·普罗里在《荒岛唱片》中记叙了关于设计过考文垂教堂的著名建筑家巴兹尔·斯宾塞的这样的一个例子：

> 设计像这样规模巨大、结构复杂的建筑肯定会遇到障碍。他告诉我，有一次他碰到了一个特大的技术难题。当时他牙龈溃疡，就去看牙医，牙医建议他在局部麻醉下拔掉臼齿。注射麻醉药后，斯宾塞就失去了知觉。在这短暂的时间里，他处于无意识状态，他做了一个生动的梦，梦见自己正穿过已经修建好的教堂，听到唱诗班正在唱歌，管风琴正在伴奏，阳光正透过脏玻璃洒在祭坛上——他后来就是据此设计的。他得到的另一个灵感就是当他正翻阅一本自然历史杂志时，突然看到一只放大了的昆虫的眼睛，这给了他设计拱顶的灵感。

哲学家托马斯·霍布斯手边经常带着一个笔记本。"一想到什么，”他说，“我就会把它记下来。”

一想到什么立即去做。有一次，当牛顿到酒窖为客人取酒时，突然有了一个颇受启发的想法，他没去取酒而是一头扎进了实验室。客人很纳闷，这么长时间也没见他取酒过来，后来才发现他竟然在实验室努力地工作。

为什么睡眠能帮助或促使人的深层次思维进行分析、综合和评价仍然是一个谜。**梦能自由地整理各种各样的脑细胞之间杂乱无章的联系，并在头脑中形成一些新的形式，这可能和重新组合过的万花筒类似。**我们也不知道这是为什么。是否知道潜意识是怎样工作的并不重要，重要的是它起了作用。就像中国俗话说的：“不管是黑猫还是白猫，能抓住老鼠的就是好猫。”

在我们睡眠时，这种创造性工作中有种神秘的东西。罗伯特·路易斯·史蒂文森曾经说过：“那些小人儿，我的潜意识，在我睡着的时候为我做了一半工作；而在实际生活中，在我清醒时，它还会为我工作，而我最后还盲目地认为，这一切都是我自己完成的。”

有些时候，某些活动是有益于潜意识的发挥的，比如，长时间处于孤独之中，或者在寂静的夜晚舒适地躺在温暖的床上。莫扎特曾在给他父亲的信中写道：“当我极其孤独或整晚都无法入眠时，产生的想法最好也最为丰富。我并不知道这些思维是从哪里来的，也无法控制它们。在我的想象中，我听不到它们个体的声音，但是，当它们同时一起出现时，我能感受到它们的存在。”

要 点

- 你很可能已经做过这样的尝试：枕着问题入眠，并从中受益颇多吧，当你第二天醒来的时候发现问题在你的脑海中已经迎刃而解了！当你在入睡之前躺在黑暗中时，就请按照这样的法则用几分钟来规划你的潜意识。
- 你的梦境偶尔也会有直接联系。然而，这更像是在你打算枕着问题入眠后，在你脑海中显现的一种暗示、一条线索或是一种想法。可能是在你工作时，比如当你正在刮脸或刷洗盘子时，某个想法会突然闪现在你的脑海中。
- 你还记得弗朗西斯·培根的忠告吗？“如果人能在他的口袋中装上一支笔，随时记录下他在某一时刻的想法，这样会比较好。这些非刻意追求的想法通常是最有价值的，应该得到足够重视，因为它们一去就不会复返了！”总在你的枕边放上一个便签簿和一支笔，当脑海中出现某个简单的想法时，迅速记录下来。
- 有人曾经问过安东·布鲁克纳：“老师，您是在什么时候、什么地方、怎样构想出您的《第九交响曲》的主题的？”布鲁克纳回答说：“噢，它是这样产生的。当时我走在卡伦伯格的路上，天气越来越热，我感觉有些饥饿，于是我就在一条小溪边坐了下来，拿出我的瑞士硬干酪，而就在我打开那张沾满油的包装纸时，那个曲调就急急地闯进了我的脑子里。”

创意就是一连串的联想。

——罗伯特·弗罗斯特

20 解决问题

创新者

The Art of Creative Thinking

有一句老话："好的开始是成功的一半。"这句话其实是有害的。我宁愿相信："完成一半后再开始。"

——约翰·济慈

创造性思考和创新不是完全一样的。创造性思考产生新想法，而创新实际是把想法付诸实践。从形成某种想法到把想法付诸实践，需要大量的技巧和知识，这超越了本书到目前为止所讨论的大脑机能。艺术家的案例很明显地证明了这一点。莱昂纳多·达·芬奇可能躺在黑暗卧室的床上，又一次在想象中回想起前一天观察到的事物，再一次思考由创造性思维得出的各种各样的想法。但是当他第二天醒来，走进工作室时，他有了娴熟地画出模型，用一种终其一生才能获得的完美手艺进行绘画的技艺。他可能不能将他所有的独创想法付诸实践——就像缺乏技术来制造直升机和潜水艇一样，但是他一定能够在绘画的细节中表达他的想法。

将创造性思维和创新分成两个明显的阶段：思考先于制造，

这样可以看出两者之间可能的联系。但是在很多情况下，这种区分是完全任意的，和事实并不相符。确实，在有些情况下，一个想法或概念是在完成和成型的阶段开始出现的。但是创造性的想法开始还不成熟，你必须将它整理成形。在整理的过程中，想法可能发展、调整或改变，新的想法或材料将会加入其中。著名的电视节目制作者雨果·威尔顿先生曾经在一次电视演讲中说："节目是在制作的过程中完成的。"

这种方式可能听起来没有条理，甚至混乱。但确实是这样。对于那些接受灌输思想、认为在着手前就应该具有完整想法的人来说，这有悖于常理。但是如果你不知道下一步会发生什么，这种方式就会增加不少兴趣和动力。"我要是知道诗的结果，我就从来不会开始写诗。"罗伯特·弗罗斯特说。创造性思考必须是一次冒险。

想出一个主意之后，你就知道什么时候要停止其他想法。如果你还不成熟，你将会因为追求错误的想法而浪费很多时间，而且没有结果。但是如果你有一点思考的线索，就不要等太久。18世纪英国著名解剖学家及外科医生约翰·亨特对他的学生有很大影响。他最出色的学生是爱德华·詹纳，他知道詹纳想通过种痘来预防天花。"不要想，"亨特建议道，"尽力去做！要耐心，注意正确！"这个学生花了很多年的时间进行辛苦的观察。最后，众所周知，詹纳研制了天花疫苗。

你在开始创造的旅程时好像缺乏指导，这个事实意味着你一定会感觉困惑、烦恼，甚至有时感觉沮丧——这种情绪经常会持续很长时间。你会想到放弃。但是要知道，甚至专业的创造性思考者也经历过这样的绝望黑暗的时刻，于是你又会鼓起勇气。

作家哈蒙德·英尼斯说他开始写小说时，他只知道一点背景知识、主题和可能是一点点开场的情景，甚至可能只有高潮部分的一些概念：

> 但是每一本书都是不同的，需要决定、斟酌、取舍。在写作的过程中总有这样一些时刻：一切似乎都没有希望，面临绝望，想到作为一个作家我已经失去触觉，再也不能触摸。但突然间柳暗花明、和谐一致，文字又开始流畅，整个事情变得吸引人，令人着迷，完全绝望的同时也伴随着激动和极度的满足。

哈蒙德·英尼斯说，写作的过程听起来与其说是成功的方法，倒不如说更像一场战争——至少一半的写作被扔进了垃圾桶。“那么为什么不先写出故事的提纲呢?”别人经常这样问他。“那一定会简单一些吗?”他答道，“当然会。但是如果我那样做，写作就没有乐趣了。如果作家自己都感到厌倦，那么读者则更会感觉无趣了。故事应该根据自己的轨迹自然发展——这是一个缓慢的、偶然的、令人发怒的过程，但是这是我知道的唯一方式。”

这就难怪哈蒙德·英尼斯四年才完成一本书。小说家约翰·福尔斯写过《法国上尉的女人》，他的写作也同样的缓慢。他同时写几本书，经常重写或改写其中的章节，一本开始写作后，又着手另一本。10 年后，他有一次说："我曾经同时创作 12 本书，但最后只完成了 3 本。"像英尼斯一样，福尔斯从来不事先列出提纲。

> 我开始写作时只有一个意象、一种想法，没有别的，我也不知道会通往何处。在写完 10 000 到 15 000 个字后，你才知道是否能够继续下去，你也会感到一浪接一浪的波浪——放射波——涌过来。通常，最开始我会连续写 20 000 个字——但是之后我可能会跳过去，去写后面一个场景，然后又回过头来写前面那个部分，或者去做别的事情。

约翰·福尔斯夜以继日地修订他的小说，这可能是他不愿意出版的原因。"那就是终点了，"他告诉一个采访者说，"一旦书稿交出，一旦定稿，你就和你自己的文本割裂了。写作的乐趣是不断地创造发明，你有熔合的金属，液态的青铜……你拥有的材料似乎具有它自己的生命。当它被抛弃时……"他突然停下来，耸耸肩。记者总结说，福尔斯不喜欢谈论他过去的书，也不愿意谈论他正在创作的书。因为一本书正离他而去，而另一本正在酝酿之中。

当你以这种方式工作的时候，想法就会不断地冒出来，你不知道它们从哪里来。你的整个思维在工作，以至于你忘记了时空。最激动人心的时刻是你害怕结果是什么：不知道结果能否实现。你会有紧张的感觉。当结果在你的脑中成形，你最终完成并凝视它的时候，得意扬扬的时刻到来了，通常也是激动人心的一刻，仅仅是到达那一步就够让人激动人心的了。

因此，创造性思维不能和工作的过程分离开来。因为工作是创造性思维的一部分，这项工作必须由当事人完成，不能由别人代替。剧作家写剧本，作曲家写乐谱，发明家建立模型，设计家总览全局。演员、音乐家、工匠和技师在整个戏剧的创作过程中也起着重要的作用。比如，如果不选择一个专业的团队——排版员、书籍设计者、印刷者、装订工和书商——你永远不会读懂我现在所写的话。但是最初的想法和创作的行动是所有这一切的源头。

要 点

- 创作过程——制造或生产的实际行动——是创造性思维持续不断的一种方式。因此，你并不需要在开始创作时胸有丘壑，或清楚地知道你所要去的目的地。
- 最初的灵感并没有给你太多指导，因此你可能走错路、迷路、感到沮丧，甚至会感到极度绝望。但是如果你没有到达失败的边缘，那么你也不可能得到真正的成功。
- 执行是创造性思维的一部分，你必须要提升自己的产品，至少要达到一定程度。要完善你的产品，很显然必须要更多地依靠团队的努力，尤其是你想将某种新理念带入市场的话。
- 如果你刚刚想到一个绝妙的主意，愉快是你最大的感受，然后你才会意识到这个想法有什么弊端。

创造性行为会在创造性共同体所拥有的相互刺激、反馈和建设性批评的环境中焕发勃勃生机。

——阿依

The Art of Creative Thinking

创新者

21

创造性思考你的生活

创新和对生活的创造性态度不是人类的权利，而是责任。

——尼科莱·柏提耶夫

本书的大部分内容写的都是关于工作背景下的创造性思维。我是基于这样的假设：我之前列举过一些作家、艺术家、发明家、企业家、科学家和工艺家的创造性，我们也具有他们身上的一些创新能力，我列举他们是为了鉴定和我们普通人有关的一些一般的原则。

但是创造性思维有更广泛的应用。你可能不会写书出版，但是你是在书写自己的人生。因为你的生活不是事先被预订好的，在你前行的过程中，你至少可以自己决定一些事情。“当你抓住一个创造性的想法——至少这是我的经验，你立即会在所有其他方面也会有创造性。”亨利·米勒说道。

如果你决定以创造性方式来对待生活，你的观点就会发生变化。你首先会挑出一些关于自己的“既有”想法。你的突出优点是什么？这些问题都不容易回答。自我发现能持续一生，即使到临终，自我发现这一任务也不可能完成。鉴定自己与生俱来的优势，并且确保你在合适的领域工作。

即使你有意自我分析、富于想象，再加上直觉的作用，你会对自己有一些认识、了解或是大胆的猜测，但是你仍然必须在现实生活中证实这些观点。你会经历考察，会犯错误，会感到沮丧和绝望，也会有兴奋和愉快的时刻。

慢慢地，在你经历的过程中——有变化也有坚持，你生活的创造性模式开始形成。国际著名纺织专家西奥·摩曼在她80岁生日庆祝会上说过一段话，对我们的生活和工作都适用。她是这样说的：

> 目标定得高一点，否则整个系统就会崩溃。珍视你的诚实和判断。你不能心有旁骛，你必须全力以赴。虽然我不再织布了，但有时候我还有以前那种良好的感觉，这是一种比宝石还珍贵的感觉。

生活应该是冒险，它通常很有乐趣，偶尔让人感到兴奋，有时却又像是通向不可预知未来的痛苦旅程。**当你试图以一种创造性的方式生活时——在前行的时候设计自己的生活，你就会有新的想法。即使是在沙漠里，也会有灵感之井、妙想之泉。**但是它们不是事先能拥有的。

一个具有创造性思维的人，从来不认为他的生命会结束。“我不拒绝退休，”马克·吐温曾经说，“只要退休不会打断我的工作。”我们所有人都应该向创造性思维者学习，将生活从本质上看作是一系列的开始。“我喜欢开始，”小说家克里斯多弗·里奇说，“对于生活，我喜欢的是生活可能随时开始。”也许我们的生活，就像书一样，永远不应该停止，只是转交给一个我们尽可能信任的人，让他来继续。

要 点

- 即使你的工作几乎不需要想象力，创造性思维的艺术也是和你有关联的。因为我们的生活是没有完成的创造。整理和改变我们生活和环境的原材料具有无穷的乐趣，也通常具有挑战性。几乎一切都是从无到有。
- 你生活中发生了什么并不重要，但重要的是你如何反应。创造性的反应就是将坏事变成好事、将问题变成机会。
- 记住阿拉伯的这句谚语：“你永远不应该停止建造你的房子。”是开始和将要完成的工作刺激了你的创造性思维。终结这项工作只属于上帝。对我们来说，幸运的是，终结这项工作不是我们的事业。
- “生活是你在忙于制订其他计划时发生的事情。”（约翰·列农）
- 给自己犯错误的自由就是发挥创造力的最好环境。

如果你想让上帝微笑，告诉他你的计划。

——西班牙谚语

附录 A
问题清单：你分析过问题吗？

理解问题

- 你曾经用自己的话语界定过问题或目标吗？
- 还有其他值得考虑的定义吗？你总体的解决方法是什么？
- 你想方设法要做的事情是什么？你现在进行到了什么程度、你想要达到什么程度？
- 鉴定重要的事实和因素。你需要花费更多的时间去收集更多的信息吗？相关的政策、规定和程序是什么？
- 你曾经将复杂的问题简单化而又没有将其过分简单化吗？

解决问题

- 你复查过你所有主要的设想吗？

- 经常问自己和其他人问题：什么？为什么？怎么样？什么时候？什么地方？谁？
- 列举阻碍你解决问题的障碍。
- 反向思维。想象你要达到的程度，从那里开始反推，一直到你现在达到的程度。
- 列举所有可能的解决方案、前进的道路或者行动的过程。
- 决定评价的标准。
- 锁定可行性解决方案，也就是那些在现有资源下可行的方案。
- 选择最适宜的一个方案，该方案可能是其他方案的综合。
- 制订一个执行计划，标明完成的日期或时间。

评价解决方案

- 确定你使用了所有重要的信息。
- 从各个方面检查你提出的解决方案。
- 确保计划具有现实性。
- 在实践中评价解决方案或决定。

附录 B
问题清单：你在使用你的潜意识吗？

- 对于你的潜意识，你有友好和积极的态度吗？你期望它给你带来好处吗？
- 在可能的情况下，你会在计划中留出时间，枕着问题入眠到第二天解决，以便给你的潜意识一个做贡献的机会吗？
- 在过去的两周里，有没有一个想法或直觉突然意外地闯入你的脑海？
- 你认为什么样的体育活动——比如散步、园艺活动或驾车——特别有益于接受潜意识的结果？
- 你有没有这样的经历：第二天早上醒来，发现你的无意识已经解决了某个问题或者做出了某个决定？
- 你认为潜意识像一台电脑吗？记住电脑的首字母缩写词RIRO——进去的是垃圾，出来的也是垃圾。

- “很少有人在一年中思考过两到三次，”乔治·伯纳德·肖说，“我之所以具有国际声誉，是因为我一周就思考一次或两次。”你是否经常有意地去花时间开发你的潜意识，来帮助你分析复杂的事情、综合或整理材料，或做出价值判断？
- 对潜意识工作原理的认识怎样帮助你与他人交往呢？
- 你经常随身带一个笔记本或口袋式录音机，捕捉稍纵即逝或者半成型的想法吗？
- 关于如何充分利用你的潜意识思维，你从经验中还学到什么其他线索——本书中没提到的线索？

附录 C
文内一些内容的答案

第 11～12 页测验的答案

1. 20 世纪 30 年代初，有一位年轻的名叫卡沃尔廷的英国设计师怀揣着一个建议走进赫伯特·特里的公司。他提出利用在人类胳膊中发现的持续压力连接原理制作一个台灯。公司同意了，最后 Ahnglepoise 台灯诞生，随后投入生产。除了一些细节和最后加工阶段做了一点修改外，卡沃尔廷的建议被完全采纳。

2. 道路上使用的反光安全装置——“猫眼”。

3. “喷火”战斗机。

4. 克拉伦斯·伯宰在加拿大度假，看到一些鲑鱼在冰里自然冻僵了。他将鱼解冻后进行烹饪，发现吃起来特别鲜。这一偶然事件促生了伟大的速冻食品产业。

5. 它们对独立悬浮的原理有一定启示。

6. 蚯蚓的穴居移动暗示了一种新的采矿方法，现在已经用于商业生产。

7. 在爱丁堡植物园挂着一块纪念一种花的牌子，因为水晶宫的设计理念就是由这种花激发的。

8. 巴兹尔·思朋斯，考文垂大教堂的建筑师，当他浏览一本自然历史杂志时，他看到了一只放大的苍蝇眼睛，他因此对教堂拱顶的大致轮廓有了初步设想。

9. 直线电动机。

10. 球状关节。

11. 放大镜。

12. 拱门。因纽特人可能是最早在圆顶建筑中使用拱门的人。

13. 挖空钢管。

14. 杠杆。

15. 风笛。

16. 管乐器。

第92～93页练习的答案

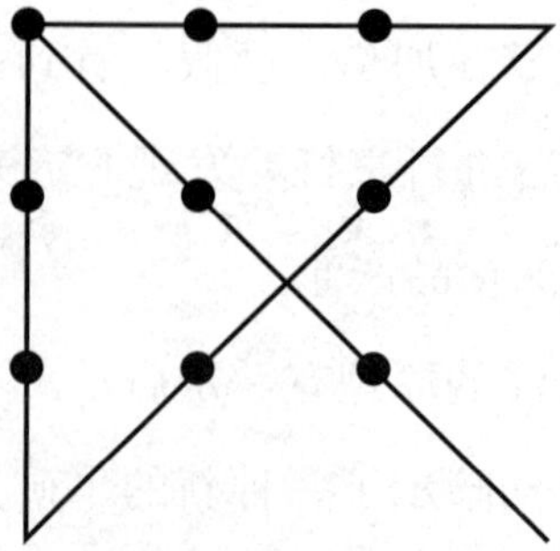

你没能解决这个问题，原因可能是你无意识中在九个点周围形成了一个结构框架。你必须超出那个无形的框架。这个问题我在 1969 年曾介绍过，通过这个问题我们知道要“从框架外思考”。

图书在版编目（CIP）数据

创新者：写给创业者的21条实用指南/（英）约翰·阿代尔（John Adair）著；吴爱明，陈晓明译．—北京：中国人民大学出版社，2018．10
ISBN 978-7-300-26251-2

Ⅰ．创… Ⅱ．①约… ②吴… ③陈… Ⅲ．①创业-指南 Ⅳ．①F241．4-62

中国版本图书馆CIP数据核字（2018）第213702号

创新者：写给创业者的21条实用指南
［英］约翰·阿代尔（John Adair） 著
吴爱明 陈晓明 译
Chuangxinzhe：Xiegei Chuangyezhe de Ershiyi Tiao Shiyong Zhinan

---

出版发行	中国人民大学出版社		
社 址	北京中关村大街31号	**邮政编码**	100080
电 话	010－62511242（总编室）		010－62511770（质管部）
	010－82501766（邮购部）		010－62514148（门市部）
	010－62515195（发行公司）		010－62515275（盗版举报）
网 址	http://www.crup.com.cn		
	http://www.ttrnet.com(人大教研网)		
经 销	新华书店		
印 刷	天津中印联印务有限公司		
规 格	160 mm×230 mm 16开本	**版 次**	2018年10月第1版
印 张	12.25	**印 次**	2018年10月第1次印刷
字 数	115 000	**定 价**	39.80元
